innholdsfortegnelse

5

Marokkansk tagine med grønnsaker

Forberedelsestid: 20 minutter.

På tide å lage mat: 40 minutter

Porsjoner: 2

Vanskelighetsgrad: gjennomsnittlig

Ingredienser:

- 2 ss olivenolje
- ½ hakket løk
- 1 finhakket hvitløksfedd
- 2 kopper blomkålbuketter
- 1 middels gulrot, kuttet i 1-tommers biter
- 1 kopp aubergine i terninger
- 1 boks hele tomater med juice
- 1 boks (15 unser / 425 g) kikerter
- 2 små røde poteter
- 1 kopp vann
- 1 ts ren lønnesirup
- ½ ts kanel
- ½ ts gurkemeie
- 1 ts spisskummen
- ½ ts salt
- 1 til 2 ts harissa pasta

Adresser:

I en kjele, varm olivenolje over middels høy varme. Stek løken i 5 minutter, rør av og til, eller til løken er gjennomsiktig.

Tilsett hvitløk, blomkålbuketter, gulrot, aubergine, tomater og poteter. Knus tomatene med en tresleiv i mindre biter.

Tilsett kikerter, vann, lønnesirup, kanel, gurkemeie, spisskummen og salt og rør for å innlemme. la det koke

Når du er ferdig, reduser varmen til middels lav. Tilsett harissa-pasta, dekk til, la det småkoke i ca 40 minutter eller til grønnsakene er myke. Smak til og juster krydder etter behov. La den hvile før servering.

Næring (per 100 g):293 Kalorier 9,9 g Fett 12,1 g Karbohydrater 11,2 g Protein 811 mg Natrium

Kikerter og salatwraps med selleri

Forberedelsestid: 10 minutter.

På tide å lage mat: 0 minutter

Porsjoner: 4

Vanskelighetsgrad: Lett

Ingredienser:

- 1 boks (15 unser / 425 g) kikerter med lite natrium
- 1 stangselleri, skåret i tynne skiver
- 2 ss finhakket rødløk
- 2 ss usaltet tahini
- 3 ss sennep og honning
- 1 ss kapers, udrenert
- 12 smørsalatblader

Adresser:

Mos kikertene i en bolle med en potetstapper eller baksiden av en gaffel til de er nesten jevne. Tilsett selleri, rødløk, tahini, sennep og kapers i bollen og rør til det er godt innarbeidet.

For hver servering, lag tre salatblader på en tallerken og topp med ¼ av hummusfyllet, og rull deretter sammen. Gjenta med de resterende salatbladene og kikertblandingen.

Næring (per 100 g):182 Kalorier 7,1 g Fett 3 g Karbohydrater 10,3 g Protein 743 mg Natrium

Grillede grønnsaksspyd

Forberedelsestid: 15 minutter.

På tide å lage mat: 10 minutter

Porsjoner: 4

Vanskelighetsgrad: Lett

Ingredienser:

- 4 mellomstore rødløk, skrelt og kuttet i 6 skiver
- 4 mellomstore zucchini, kuttet i 1-tommers tykke skiver
- 2 bifftomater, kuttet i kvarte
- 4 røde paprika
- 2 oransje paprika
- 2 gule paprika
- 2 ss pluss 1 ts olivenolje

Adresser:

Forvarm grillen til middels høy varme. Stikk hull i grønnsakene vekslende mellom rødløk, zucchini, tomater og forskjellig farget paprika. Smør med 2 ss olivenolje.

Smør grillristene med 1 ts olivenolje og grill grønnsaksspydene i 5 minutter. Snu spydene og grill i ytterligere 5 minutter, eller til de er kokt etter din smak. La spydene avkjøles i 5 minutter før servering.

Næring (per 100 g):115 Kalorier 3 g Fett 4,7 g Karbohydrater 3,5 g Protein 647 mg Natrium

Fylt Portobello-sopp med tomater

Forberedelsestid: 10 minutter.

På tide å lage mat: 15 minutter

Porsjoner: 4

Vanskelighetsgrad: gjennomsnittlig

Ingredienser:

- 4 store portobellosopphatter
- 3 ss ekstra virgin olivenolje
- Salt og sort pepper etter smak
- 4 soltørkede tomater
- 1 kopp revet mozzarellaost, delt
- ½ til ¾ kopp lavnatrium tomatsaus

Adresser:

Forvarm grillen til høy varme. Legg sopphettene på en bakeplate og drypp med olivenolje. Dryss over salt og pepper. Grill i 10 minutter, snu sopphettene halvveis, til de er lett brune på toppen.

Fjern fra grillen. Hell 1 tomat, 2 ss ost og 2 til 3 ss saus i hver sopphette. Sett sopphettene tilbake på grillen og fortsett å grille i 2 til 3 minutter. La avkjøles i 5 minutter før servering.

Næring (per 100 g):217 Kalorier 15,8 g Fett 9 g Karbohydrater 11,2 g Protein 793 mg Natrium

Visne løvetannblader med søt løk

Forberedelsestid: 15 minutter.

På tide å lage mat: 15 minutter

Porsjoner: 4

Vanskelighetsgrad: Lett

Ingredienser:

- 1 ss ekstra virgin olivenolje
- 2 hakkede hvitløksfedd
- 1 Vidalia løk, i tynne skiver
- ½ kopp grønnsaksbuljong med lite natrium
- 2 bunter løvetannblader, hakket
- Nykvernet sort pepper, etter smak

Adresser:

Varm opp olivenolje i en stor stekepanne på lav varme. Tilsett hvitløk og løk og stek i 2 til 3 minutter, rør av og til, eller til løken er gjennomsiktig.

Tilsett grønnsaksbuljongen og løvetanngrønnsakene og kok i 5 til 7 minutter til de er mykne, rør ofte. Dryss over svart pepper og server på en varm tallerken.

Næring (per 100 g):81 Kalorier 3,9 g Fett 4 g Karbohydrater 3,2 g Protein 693 mg Natrium

Selleri og sennepsgrønt

Forberedelsestid: 10 minutter.

På tide å lage mat: 15 minutter

Porsjoner: 4

Vanskelighetsgrad: gjennomsnittlig

Ingredienser:

- ½ kopp grønnsaksbuljong med lite natrium
- 1 stangselleri, grovhakket
- ½ søt løk hakket
- ½ stor rød paprika, i tynne skiver
- 2 hakkede hvitløksfedd
- 1 haug med sennepsgrønt, hakket

Adresser:

Hell grønnsaksbuljongen i en stor støpejernsgryte og la det småkoke på middels varme. Tilsett selleri, løk, paprika og hvitløk. Kok uten lokk i ca 3 til 5 minutter.

Tilsett sennepsgrønnsakene i pannen og rør godt. Reduser varmen og kok til væsken fordamper og grønnsakene mykner. Fjern fra varmen og server varm.

Næring (per 100 g):39 Kalorier 3,1 g Protein 6,8 g Karbohydrater 3 g Protein 736 mg Natrium

Grønnsaks- og tofukryptering

Forberedelsestid: 5 minutter.

På tide å lage mat: 10 minutter

Porsjoner: 2

Vanskelighetsgrad: Lett

Ingredienser:

- 2 ss ekstra virgin olivenolje
- ½ rødløk, finhakket
- 1 kopp hakket grønnkål
- 8 unser (227 g) sopp, i skiver
- 227 g tofu, kuttet i biter
- 2 hakkede hvitløksfedd
- 1 klype røde pepperflak
- ½ ts havsalt
- 1/8 ts nykvernet sort pepper

Adresser:

Kok olivenoljen i en middels nonstick-gryte over middels høy varme til den skinner. Tilsett løk, grønnkål og sopp i gryten. Kok og rør uregelmessig, eller til grønnsakene begynner å bli brune.

Tilsett tofuen og stek i 3 til 4 minutter til den er myk. Tilsett hvitløk, rød pepperflak, salt og sort pepper og stek i 30 sekunder. La den hvile før servering.

Næring (per 100 g):233 Kalorier 15,9 g Fett 2 g Karbohydrater 13,4 g Protein 733 mg Natrium

enkle zodler

Forberedelsestid: 10 minutter.

På tide å lage mat: 5 minutter

Porsjoner: 2

Vanskelighetsgrad: Lett

Ingredienser:

- 2 ss avokadoolje
- 2 mellomstore zucchini, spiralisert
- ¼ teskje salt
- Nykvernet sort pepper, etter smak

Adresser:

Varm avokadoolje i en stor panne på middels varme til den skinner. Tilsett squashnudler, salt og sort pepper i pannen og bland til belegg. Kok og rør kontinuerlig, til de er møre. Serveres varm.

Næring (per 100 g):128 Kalorier 14 g Fett 0,3 g Karbohydrater 0,3 g Protein 811 mg Natrium

Linsewraps og tomatspirer

Forberedelsestid: 15 minutter.

På tide å lage mat: 0 minutter

Porsjoner: 4

Vanskelighetsgrad: Lett

Ingredienser:

- 2 kopper kokte linser
- 5 Roma-tomater i terninger
- ½ kopp smuldret fetaost
- 10 store friske basilikumblader, i tynne skiver
- ¼ kopp ekstra virgin olivenolje
- 1 ss balsamicoeddik
- 2 hakkede hvitløksfedd
- ½ ts rå honning
- ½ ts salt
- ¼ ts nykvernet sort pepper
- 4 store kålblader, stilker fjernet

Adresser:

Kombiner linser, tomater, ost, basilikumblader, olivenolje, eddik, hvitløk, honning, salt og sort pepper og rør godt.

Legg kålbladene på en flat arbeidsflate. Hell like mengder av linseblandingen på kantene av skallene. Rull dem sammen og del dem i to til servering.

Næring (per 100 g):318 Kalorier 17,6 g Fett 27,5 g Karbohydrater 13,2 g Protein 800 mg Natrium

Middelhavet grønnsaksskål

Forberedelsestid: 10 minutter.

På tide å lage mat: 20 minutter

Porsjoner: 4

Vanskelighetsgrad: gjennomsnittlig

Ingredienser:

- 2 kopper vann
- 1 kopp #3 bulgurhvete eller quinoa, skylt
- 1½ ts salt, delt
- 1 halvliter (2 kopper) cherrytomater, halvert
- 1 stor paprika, hakket
- 1 stor agurk, hakket
- 1 kopp Kalamata oliven
- ½ kopp ferskpresset sitronsaft
- 1 kopp ekstra virgin olivenolje
- ½ ts nykvernet sort pepper

Adresser:

Kok opp vann i en middels kjele på middels varme. Tilsett bulgur (eller quinoa) og 1 ts salt. Dekk til og kok i 15 til 20 minutter.

For å ordne grønnsakene i de 4 bollene dine, del visuelt hver bolle i 5 seksjoner. Ordne den kokte bulguren i en seksjon. Følg med tomater, paprika, agurker og oliven.

Visp sammen sitronsaft, olivenolje, resterende ½ ts salt og sort pepper.

Hell dressingen jevnt over alle 4 bollene. Server umiddelbart eller dekk til og avkjøl til senere.

Næring (per 100 g):772 Kalorier 9 g Fett 6 g Protein 41 g Karbohydrater 944 mg Natrium

Stekt grønnsaker og hummus wrap

Forberedelsestid: 15 minutter.

På tide å lage mat: 10 minutter

Porsjoner: 6

Vanskelighetsgrad: gjennomsnittlig

Ingredienser:

- 1 stor aubergine
- 1 stor løk
- ½ kopp ekstra virgin olivenolje
- 1 ts salt
- 6 lavashruller eller store pitabrød
- 1 kopp tradisjonell kremet hummus

Adresser:

Forvarm en grill, stor grillpanne eller stor lett oljet panne på middels varme. Skjær aubergine og løk i sirkler. Smør grønnsakene med olivenolje og dryss over salt.

Stek grønnsaker på begge sider, ca 3 til 4 minutter per side. For å lage wrap, legg lavash eller pita flatt. Legg ca 2 ss hummus i wrap.

Fordel grønnsakene jevnt mellom omslagene, legg dem langs den ene siden av omslaget. Brett forsiktig siden av wrap med grønnsakene, stikk dem inn og lag en tett wrap.

Legg sømmen på omslaget ned og kutt det i to eller tredjedeler.

Du kan også pakke hver sandwich i plastfolie for å hjelpe den med å holde formen for senere spising.

Næring (per 100 g):362 Kalorier 10 g Fett 28 g Karbohydrater 15 g Protein 736 mg Natrium

Spanske grønne bønner

Forberedelsestid: 10 minutter.

På tide å lage mat: 20 minutter

Porsjoner: 4

Vanskelighetsgrad: Lett

Ingredienser:

- ¼ kopp ekstra virgin olivenolje
- 1 stor løk hakket
- 4 hvitløksfedd finhakket
- 1 pund grønne bønner, ferske eller frosne, trimmet
- 1½ ts salt, delt
- 1 (15 unse) boks tomater i terninger
- ½ ts nykvernet sort pepper

Adresser:

Varm opp olivenolje, løk og hvitløk; kok 1 minutt. Skjær de grønne bønnene i 2-tommers biter. Tilsett de grønne bønnene og 1 ts salt i kjelen og bland alt sammen; kok 3 minutter. Legg tomater i terninger, resterende ½ ts salt og sort pepper i gryten; fortsett å koke i ytterligere 12 minutter, rør av og til. Serveres varm.

Næring (per 100 g):200 kalorier 12 g Fett 18 g Karbohydrater 4 g Protein 639 mg Natrium

Rustikk blomkål og gulrothasj

Forberedelsestid: 10 minutter.

På tide å lage mat: 10 minutter

Porsjoner: 4

Vanskelighetsgrad: Lett

Ingredienser:

- 3 ss ekstra virgin olivenolje
- 1 stor løk hakket
- 1 ss finhakket hvitløk
- 2 kopper gulrøtter i terninger
- 4 kopper blomkålbiter, vasket
- 1 ts salt
- ½ ts malt spisskummen

Adresser:

Kok olivenolje, løk, hvitløk og gulrøtter i 3 minutter. Skjær blomkålen i 1-tommers eller passe store biter. Tilsett blomkål, salt og spisskummen i pannen og bland sammen med gulrøtter og løk.

Dekk til og kok i 3 minutter. Tilsett grønnsakene og fortsett å koke i ytterligere 3 til 4 minutter. Serveres varm.

Næring (per 100 g):159 Kalorier 17 g Fett 15 g Karbohydrater 3 g Protein 569 mg Natrium

Stekt blomkål og tomater

Forberedelsestid: 5 minutter.

På tide å lage mat: 25 minutter

Porsjoner: 4

Vanskelighetsgrad: gjennomsnittlig

Ingredienser:

- 4 kopper blomkål, kuttet i 1-tommers biter
- 6 ss ekstra virgin olivenolje, delt
- 1 ts salt, delt
- 4 kopper cherrytomater
- ½ ts nykvernet sort pepper
- ½ kopp revet parmesanost

Adresser:

Forvarm ovnen til 425 ° F. Tilsett blomkål, 3 ss olivenolje og ½ ts salt i en stor bolle og bland til jevn belegg. Legg den på et bakepapir i et jevnt lag.

I en annen stor bolle, tilsett tomatene, de resterende 3 ss olivenolje og ½ ts salt, og bland til jevn belegg. Hell over på en annen bakeplate. Sett blomkålbladet og tomatbladet i ovnen for å steke i 17 til 20 minutter til blomkålen er lett brunet og tomatene er lubben.

Bruk en slikkepott, plasser blomkålen på et serveringsfat og topp med tomater, sort pepper og parmesanost. Serveres varm.

Næring (per 100 g):294 Kalorier 14 g Fett 13 g Karbohydrater 9 g Protein 493 mg Natrium

Stekt eikenøtt squash

Forberedelsestid: 10 minutter.

På tide å lage mat: 35 minutter

Porsjoner: 6

Vanskelighetsgrad: gjennomsnittlig

Ingredienser:

- 2 zucchini, middels til store
- 2 ss ekstra virgin olivenolje
- 1 ts salt, pluss mer til krydder
- 5 ss usaltet smør
- ¼ kopp hakkede salvieblader
- 2 ss friske timianblader
- ½ ts nykvernet sort pepper

Adresser:

Forvarm ovnen til 400 ° F. Skjær eikenøttsquashen i to på langs. Skrap ut frø og skjær horisontalt i ¾-tommers tykke skiver. I en stor bolle, drypp squashen med olivenolje, dryss over salt og vend til belegg.

Legg eikenøttsquashen på en bakeplate. Legg på stekeplaten i ovnen og stek squashen i 20 minutter. Vend squashen med en slikkepott og stek i ytterligere 15 minutter.

Myk opp smøret i en middels kjele på middels varme. Tilsett salvie og timian i det smeltede smøret og la dem koke i 30 sekunder. Ha de kokte squashskivene over på en tallerken. Hell smør/urteblandingen over squashen. Smak til med salt og sort pepper. Serveres varm.

Næring (per 100 g):188 Kalorier 13 g Fett 16 g Karbohydrater 1 g Protein 836 mg Natrium

Sautert spinat med hvitløk

Forberedelsestid: 5 minutter.

På tide å lage mat: 10 minutter

Porsjoner: 4

Vanskelighetsgrad: Lett

Ingredienser:

- ¼ kopp ekstra virgin olivenolje
- 1 stor løk, i tynne skiver
- 3 fedd hvitløk, finhakket
- 6 (1 pund) poser babyspinat, vasket
- ½ ts salt
- 1 sitron kuttet i terninger

Adresser:

Stek olivenolje, løk og hvitløk i en stor panne i 2 minutter på middels varme. Tilsett en pose spinat og ½ teskje salt. Dekk til pannen og la spinaten visne i 30 sekunder. Gjenta (utelat saltet), tilsett 1 pose spinat om gangen.

Når all spinaten er tilsatt, tar du av lokket og koker i 3 minutter, og lar noe av fuktigheten fordampe. Serveres varm med sitronskall på toppen.

Næring (per 100 g):301 Kalorier 12 g Fett 29 g Karbohydrater 17 g Protein 639 mg Natrium

Sautert hvitløkssucchini med mynte

Forberedelsestid: 5 minutter.

På tide å lage mat: 10 minutter

Porsjoner: 4

Vanskelighetsgrad: Lett

Ingredienser:

- 3 store grønne zucchini
- 3 ss ekstra virgin olivenolje
- 1 stor løk hakket
- 3 fedd hvitløk, finhakket
- 1 ts salt
- 1 ts tørket mynte

Adresser:

Skjær zucchinien i ½-tommers terninger. Kok olivenolje, løk og hvitløk i 3 minutter under konstant omrøring.

Tilsett zucchini og salt i pannen og bland sammen med løk og hvitløk, stek i 5 minutter. Tilsett mynten i pannen, rør for å kombinere. Kok i ytterligere 2 minutter. Serveres varm.

Næring (per 100 g):147 Kalorier 16 g Fett 12 g Karbohydrater 4 g Protein 723 mg Natrium

stuet okra

Forberedelsestid: 55 minutter

På tide å lage mat: 25 minutter

Porsjoner: 4

Vanskelighetsgrad: Lett

Ingredienser:

- ¼ kopp ekstra virgin olivenolje
- 1 stor løk hakket
- 4 hvitløksfedd finhakket
- 1 ts salt
- 1 pund fersk eller frossen okra, renset
- 1 boks (15 gram) vanlig tomatsaus
- 2 kopper vann
- ½ kopp frisk koriander, finhakket
- ½ ts nykvernet sort pepper

Adresser:

Bland og stek olivenolje, løk, hvitløk og salt i 1 minutt. Tilsett okra og kok i 3 minutter.

Tilsett tomatsaus, vann, koriander og sort pepper; rør, dekk til og kok i 15 minutter, rør av og til. Serveres varm.

Næring (per 100 g):201 Kalorier 6 g Fett 18 g Karbohydrater 4 g Protein 693 mg Natrium

Søt grønnsak fylt paprika

Forberedelsestid: 20 minutter.

På tide å lage mat: 30 minutter

Porsjoner: 6

Vanskelighetsgrad: gjennomsnittlig

Ingredienser:

- 6 store paprika, forskjellige farger
- 3 ss ekstra virgin olivenolje
- 1 stor løk hakket
- 3 fedd hvitløk, finhakket
- 1 hakket gulrot
- 1 (16 unse) boks kikerter, skyllet og drenert
- 3 kopper kokt ris
- 1½ ts salt
- ½ ts nykvernet sort pepper

Adresser:

Forvarm ovnen til 350 ° F. Pass på å velge paprika som kan stå oppreist. Kutt av pepperpluggen og fjern frøene, behold pluggen til senere. Legg paprikaene i en ildfast form.

Varm olivenolje, løk, hvitløk og gulrøtter i 3 minutter. Tilsett kikertene. Kok i ytterligere 3 minutter. Fjern fra pannen fra varmen og hell de kokte ingrediensene i en stor bolle. Tilsett ris, salt og pepper; rør for å kombinere.

Fyll hver paprika til toppen, og sett deretter på pepperhettene. Kle ildfast form med aluminiumsfolie og stek i 25 minutter. Fjern folien og stek i ytterligere 5 minutter. Serveres varm.

Næring (per 100 g):301 Kalorier 15 g Fett 50 g Karbohydrater 8 g Protein 803 mg Natrium

Aubergine Moussaka

Forberedelsestid: 55 minutter

På tide å lage mat: 40 minutter

Porsjoner: 6

Vanskelighetsgrad: Vanskelig

Ingredienser:

- 2 store auberginer
- 2 ts salt, delt
- olivenolje spray
- ¼ kopp ekstra virgin olivenolje
- 2 store løk, i skiver
- 10 fedd hvitløk, i skiver
- 2 (15 unse) bokser hakkede tomater
- 1 (16 unse) boks kikerter, skyllet og drenert
- 1 ts tørket oregano
- ½ ts nykvernet sort pepper

Adresser:

Skjær aubergine horisontalt i ¼-tommers tykke runde skiver. Dryss aubergineskivene med 1 ts salt og legg i et dørslag i 30 minutter.

Forvarm ovnen til 450 ° F. Tørk aubergineskivene med et papirhåndkle og spray hver side med olivenoljespray eller pensle hver side lett med olivenolje.

Sett sammen auberginen i et enkelt lag på en bakeplate. Sett i ovnen og stek i 10 minutter. Snu deretter skivene med en slikkepott og stek i ytterligere 10 minutter.

Surr olivenolje, løk, hvitløk og den resterende teskjeen salt. Kok i 5 minutter mens du rører sjelden. Tilsett tomater, kikerter, oregano og sort pepper. Kok på lav varme i 12 minutter, rør uregelmessig.

Bruk en dyp ildfast form, begynn med lagdeling, start med auberginen og deretter sausen. Gjenta til alle ingrediensene er brukt. Stek i ovnen i 20 minutter. Ta ut av ovnen og server varm.

Næring (per 100 g):262 Kalorier 11 g Fett 35 g Karbohydrater 8 g Protein 723 mg Natrium

Vinblader fylt med grønnsaker

Forberedelsestid: 50 minutter.

På tide å lage mat: 45 minutter

Porsjoner: 8

Vanskelighetsgrad: gjennomsnittlig

Ingredienser:

- 2 kopper hvit ris, skylt
- 2 store tomater, finhakket
- 1 stor løk, finhakket
- 1 grønn løk finhakket
- 1 kopp fersk italiensk persille, finhakket
- 3 fedd hvitløk, finhakket
- 2½ ts salt
- ½ ts nykvernet sort pepper
- 1 krukke (16 unser) drueblader
- 1 kopp sitronsaft
- ½ kopp ekstra virgin olivenolje
- 4 til 6 kopper vann

Adresser:

Kombiner ris, tomater, løk, grønn løk, persille, hvitløk, salt og sort pepper. Tøm og skyll vinbladene. Forbered en stor gryte ved å legge et lag med drueblader i bunnen. Legg hvert blad flatt og kutt stilkene.

Legg 2 ss av risblandingen i bunnen av hvert blad. Brett inn sidene, og rull så stramt som mulig. Plasser de rullede vinbladene i gryten, og legg opp til hvert rullet vinblad. Fortsett å legge de rullede vinbladene lagvis.

Hell forsiktig sitronsaft og olivenolje over vinbladene, tilsett akkurat nok vann til å dekke vinbladene med 1 tomme. Legg en tung tallerken som er mindre enn åpningen på potten opp ned oppå vinbladene. Dekk til kjelen og kok bladene over middels lav varme i 45 minutter. La hvile i 20 minutter før servering. Serveres varm eller kald.

Næring (per 100 g):532 Kalorier 15 g Fett 80 g Karbohydrater 12 g Protein 904 mg Natrium

Grillede aubergineruller

Forberedelsestid: 30 minutter.

På tide å lage mat: 10 minutter

Porsjoner: 6

Vanskelighetsgrad: gjennomsnittlig

Ingredienser:

- 2 store auberginer
- 1 ts salt
- 4 gram geitost
- 1 kopp ricotta
- ¼ kopp frisk basilikum, finhakket
- ½ ts nykvernet sort pepper
- olivenolje spray

Adresser:

Skjær av toppen av auberginene og skjær dem på langs i ¼-tommers tykke skiver. Dryss skivene med salt og legg auberginen i et dørslag i 15 til 20 minutter.

Pisk geitost, ricotta, basilikum og pepper. Forvarm en grill, grillpanne eller lett oljet panne på middels varme. Tørk auberngineskivene og spray lett med olivenoljespray. Legg auberginen på grillen, stekepannen eller stekepannen og stek i 3 minutter på hver side.

Fjern auberginen fra varmen og la avkjøles i 5 minutter. For å rulle, legg en skive aubergine flatt, skje en spiseskje av osteblandingen på bunnen av skiven og rull. Server umiddelbart eller avkjøl til servering.

Næring (per 100 g):255 Kalorier 7 g Fett 19 g Karbohydrater 15 g Protein 793 mg Natrium

Sprø squashfritter

Forberedelsestid: 15 minutter.

På tide å lage mat: 20 minutter

Porsjoner: 6

Vanskelighetsgrad: Lett

Ingredienser:

- 2 store grønne zucchini
- 2 ss italiensk persille, finhakket
- 3 fedd hvitløk, finhakket
- 1 ts salt
- 1 kopp mel
- 1 stort egg, pisket
- ½ kopp vann
- 1 ts bakepulver
- 3 kopper vegetabilsk eller avokadoolje

Adresser:

Riv zucchinien i en stor bolle. Tilsett persille, hvitløk, salt, mel, egg, vann og bakepulver i bollen og rør sammen. I en stor gryte eller frityrkoker over middels varme, varm olje til 365 °F.

Ha buñuelos-røren i den varme oljen i spiseskjeer. Vend fritterne med en hullsleiv og stek til de er gyldenbrune, 2 til 3 minutter. Sil fritterne fra oljen og legg dem på en tallerken kledd med tørkepapir. Serveres varm med Kremet Tzatziki eller Kremet Tradisjonell Hummus som dipp.

Næring (per 100 g):446 Kalorier 2 g Fett 19 g Karbohydrater 5 g Protein 812 mg Natrium

Spinat ostekaker

Forberedelsestid: 20 minutter.

På tide å lage mat: 40 minutter

Porsjoner: 8

Vanskelighetsgrad: Vanskelig

Ingredienser:

- 2 ss ekstra virgin olivenolje
- 1 stor løk hakket
- 2 hakkede hvitløksfedd
- 3 (1 pund) poser babyspinat, vasket
- 1 kopp fetaost
- 1 stort egg, pisket
- butterdeigsplater

Adresser:

Forvarm ovnen til 375 ° F. Varm olivenolje, løk og hvitløk i 3 minutter. Tilsett spinaten i pannen en pose om gangen, la den visne mellom hver pose. Bland med tang. Kok i 4 minutter. Når spinaten er kokt, tøm overflødig væske fra pannen.

Bland sammen feta, egg og kokt spinat i en stor bolle. Legg butterdeigen på benken. Skjær deigen i 3-tommers firkanter. Legg en spiseskje av spinatblandingen i midten av en butterdeigsfirkant. Brett over det ene hjørnet av firkanten til det diagonale hjørnet, og lag en trekant. Krymp kantene på kaken ved å trykke ned med tindene på en gaffel for å forsegle. Gjenta til alle rutene er fylt.

Legg tertene på et bakepapirkledd bakepapir og stek i 25 til 30 minutter eller til de er gyldenbrune. Serveres varm eller i romtemperatur.

Næring (per 100 g):503 Kalorier 6 g Fett 38 g Karbohydrater 16 g Protein 836 mg Natrium

agurkbitt

Forberedelsestid: 5 minutter.

På tide å lage mat: 0 minutter

Porsjoner: 12

Vanskelighetsgrad: Lett

Ingredienser:

- 1 skivet agurk
- 8 skiver grovt brød
- 2 ss kremost, glatt
- 1 ss hakket gressløk
- ¼ kopp avokado, skrellet, uthulet og moset
- 1 ts sennep
- Salt og sort pepper etter smak

Adresser:

Fordel den moste avokadoen på hver brødskive, fordel også resten av ingrediensene bortsett fra agurkskivene.

Fordel agurkskivene over brødskivene, skjær hver skive i tredjedeler, legg på et fat og server som forrett.

Næring (per 100 g):187 Kalorier 12,4 g Fett 4,5 g Karbohydrater 8,2 g Protein 736 mg Natrium

yoghurtdip

Forberedelsestid: 10 minutter.

På tide å lage mat: 0 minutter

Porsjoner: 6

Vanskelighetsgrad: Lett

Ingredienser:

- 2 kopper gresk yoghurt
- 2 ss ristede og hakkede pistasjnøtter
- En klype salt og hvit pepper.
- 2 ss hakket mynte
- 1 ss kalamata-oliven, uthulet og hakket
- ¼ kopp zaatar krydder
- ¼ kopp granateplefrø
- 1/3 kopp olivenolje

Adresser:

Bland yoghurten med pistasjenøtter og resten av ingrediensene, pisk godt, del mellom små kopper og server med pitabrød ved siden av.

Næring (per 100 g):294 Kalorier 18 g Fett 2 g Karbohydrater 10 g Protein 593 mg Natrium

tomatspyd

Forberedelsestid: 10 minutter.

På tide å lage mat: 10 minutter

Porsjoner: 6

Vanskelighetsgrad: Lett

Ingredienser:

- 1 baguette, i skiver
- 1/3 kopp hakket basilikum
- 6 tomater, i terninger
- 2 hakkede hvitløksfedd
- En klype salt og sort pepper.
- 1 ts olivenolje
- 1 ss balsamicoeddik
- ½ ts hvitløkspulver
- matlagingsspray

Adresser:

Anrett baguetteskiver på en stekeplate med bakepapir, smør med kokespray. Stek i 10 minutter ved 400 grader.

Kombiner tomatene med basilikum og resten av ingrediensene, bland godt og la stå i 10 minutter. Fordel tomatblandingen på hver baguetteskive, legg alle sammen på et fat og server.

Næring (per 100 g):162 Kalorier 4 g Fett 29 g Karbohydrater 4 g Protein 736 mg Natrium

Tomater fylt med oliven og ost

Forberedelsestid: 10 minutter.

På tide å lage mat: 0 minutter

Porsjoner: 24

Vanskelighetsgrad: Lett

Ingredienser:

- 24 cherrytomater, topper kuttet av og innmaten øset ut
- 2 ss olivenolje
- ¼ ts rød pepperflak
- ½ kopp fetaost, smuldret
- 2 ss svart olivenpasta
- ¼ kopp mynte, revet

Adresser:

Bland olivenpastaen med resten av ingrediensene unntatt cherrytomatene i en bolle og pisk godt. Fyll cherrytomatene med denne blandingen, legg alle sammen i en bolle og server som forrett.

Næring (per 100 g): 136 Kalorier 8,6 g Fett 5,6 g Karbohydrater 5,1 g Protein 648 mg Natrium

pepper tapenade

Forberedelsestid: 10 minutter.

På tide å lage mat: 0 minutter

Porsjoner: 4

Vanskelighetsgrad: Lett

Ingredienser:

- 7 gram stekt rød paprika, hakket
- ½ kopp revet parmesan
- 1/3 kopp hakket persille
- 14 gram hermetiske artisjokker, drenert og hakket
- 3 ss olivenolje
- ¼ kopp kapers, drenert
- 1 og ½ ss sitronsaft
- 2 hakkede hvitløksfedd

Adresser:

Kombiner den røde paprikaen med parmesanen og resten av ingrediensene i blenderen og pulser godt. Del opp i kopper og server som snacks.

Næring (per 100 g):200 kalorier 5,6 g fett 12,4 g karbohydrater 4,6 g protein 736 mg natrium

koriander falafel

Forberedelsestid: 10 minutter.

På tide å lage mat: 10 minutter

Porsjoner: 8

Vanskelighetsgrad: Lett

Ingredienser:

- 1 kopp hermetiske kikerter
- 1 haug persilleblader
- 1 hakket gul løk
- 5 finhakkede hvitløksfedd
- 1 ts malt koriander
- En klype salt og sort pepper.
- ¼ ts kajennepepper
- ¼ teskje bikarbonat brus
- ¼ teskje spisskummen pulver
- 1 ts sitronsaft.
- 3 ss tapiokamel
- olivenolje til steking

Adresser:

I foodprosessoren din kombinerer du bønnene med persille, løk og resten av ingrediensene bortsett fra oljen og melet og blander godt. Ha blandingen over i en bolle, tilsett melet, rør godt, form 16 kuler av denne blandingen og flat dem litt.

Forvarm pannen over middels høy varme, tilsett falafler, stek i 5 minutter på begge sider, legg på papirhåndklær, tøm overflødig fett, legg på fat og server som forrett.

Næring (per 100 g):122 Kalorier 6,2 g Fett 12,3 g Karbohydrater 3,1 g Protein 699 mg Natrium

rød pepper hummus

Forberedelsestid: 10 minutter.

På tide å lage mat: 0 minutter

Porsjoner: 6

Vanskelighetsgrad: Lett

Ingredienser:

- 6 gram stekt rød paprika, skrelt og hakket
- 16 gram hermetiske kikerter, drenert og skylt
- ¼ kopp gresk yoghurt
- 3 ss tahinipasta
- saft av 1 sitron
- 3 fedd hvitløk, finhakket
- 1 ss olivenolje
- En klype salt og sort pepper.
- 1 ss hakket persille

Adresser:

I kjøkkenroboten din kombinerer du den røde paprikaen med resten av ingrediensene bortsett fra oljen og persillen og pulser godt. Tilsett oljen, pulser igjen, del i kopper, dryss persillen på toppen, og server som festpålegg.

Næring (per 100 g):255 Kalorier 11,4 g Fett 17,4 g Karbohydrater 6,5 g Protein 593 mg Natrium

White Bean Dip

Forberedelsestid: 10 minutter.

På tide å lage mat: 0 minutter

Porsjoner: 4

Vanskelighetsgrad: Lett

Ingredienser:

- 15 gram hermetiske marinebønner, drenert og skylt
- 6 gram hermetiske artisjokkhjerter, drenert og delt i kvarte
- 4 fedd hvitløk, finhakket
- 1 ss hakket basilikum
- 2 ss olivenolje
- Saft av ½ sitron
- Revet skall av ½ sitron
- Salt og sort pepper etter smak

Adresser:

I kjøkkenroboten din kombinerer du bønnene med artisjokkene og resten av ingrediensene bortsett fra oljen og pulser godt. Tilsett olje gradvis, press blandingen igjen, del i kopper og server som en festdipp.

Næring (per 100 g):27 Kalorier 11,7 g Fett 18,5 g Karbohydrater 16,5 g Protein 668 mg Natrium

Hummus med malt lam

Forberedelsestid: 10 minutter.

På tide å lage mat: 15 minutter

Porsjoner: 8

Vanskelighetsgrad: Lett

Ingredienser:

- 10 gram hummus
- 12 gram malt lam
- ½ kopp granateplefrø
- ¼ kopp hakket persille
- 1 ss olivenolje
- pitabletter til servering

Adresser:

Forvarm pannen over middels høy varme, stek kjøttet og stek i 15 minutter, rør ofte. Fordel hummus på et fat, dryss malt lammekjøtt over det hele, strø granateplefrø og persille i tillegg, og server med pitabletter som mellommåltid.

Næring (per 100 g):133 Kalorier 9,7 g Fett 6,4 g Karbohydrater 5,4 g Protein 659 mg Natrium

aubergine dip

Forberedelsestid: 10 minutter.

På tide å lage mat: 40 minutter

Porsjoner: 4

Vanskelighetsgrad: Lett

Ingredienser:

- 1 aubergine hakket med en gaffel
- 2 ss tahinipasta
- 2 ss sitronsaft
- 2 hakkede hvitløksfedd
- 1 ss olivenolje
- Salt og sort pepper etter smak
- 1 ss hakket persille

Adresser:

Legg auberginen i en stekepanne, stek ved 400 grader F i 40 minutter, avkjøl, skrell og overfør til foodprosessoren. Bland resten av ingrediensene unntatt persillen, poler godt, del i små boller og server som forrett med persillen drysset på toppen.

Næring (per 100 g):121 kalorier 4,3 g fett 1,4 g karbohydrater 4,3 g protein 639 mg natrium

grønnsaksfritter

Forberedelsestid: 10 minutter.

På tide å lage mat: 10 minutter

Porsjoner: 8

Vanskelighetsgrad: Lett

Ingredienser:

- 2 hakkede hvitløksfedd
- 2 hakkede gule løk
- 4 hakket gressløk
- 2 revne gulrøtter
- 2 ts malt spisskummen
- ½ teskje gurkemeiepulver
- Salt og sort pepper etter smak
- ¼ ts malt koriander
- 2 ss hakket persille
- ¼ teskje sitronsaft
- ½ kopp mandelmel
- 2 rødbeter, skrelt og revet
- 2 piskede egg
- ¼ kopp tapiokamel
- 3 ss olivenolje

Adresser:

Kombiner hvitløken med løken, vårløken og resten av ingrediensene bortsett fra oljen i en bolle, rør godt og form middels fritter med denne blandingen.

Forvarm pannen over middels høy varme, legg fritterne, stek i 5 minutter på hver side, legg på et fat og server.

Næring (per 100 g):209 Kalorier 11,2 g Fett 4,4 g Karbohydrater 4,8 g Protein 726 mg Natrium

Bulgur lammekjøttboller

Forberedelsestid: 10 minutter.

På tide å lage mat: 15 minutter

Porsjoner: 6

Vanskelighetsgrad: Lett

Ingredienser:

- 1 og ½ kopper gresk yoghurt
- ½ ts spisskummen, malt
- 1 kopp agurk, revet
- ½ ts finhakket hvitløk
- En klype salt og sort pepper.
- 1 kopp bulgur
- 2 kopper vann
- 1 pund lam, malt
- ¼ kopp hakket persille
- ¼ kopp hakket sjalottløk
- ½ ts allehånde, malt
- ½ ts malt kanel
- 1 ss olivenolje

Adresser:

Bland bulguren med vannet, dekk til bollen, la den hvile i 10 minutter, renne av og ha over i en bolle. Tilsett kjøttet, yoghurten og resten av ingrediensene unntatt oljen, rør godt og form mellomstore kjøttboller med denne blandingen. Forvarm pannen over middels høy varme, tilsett kjøttbollene, stek dem i 7 minutter på hver side, legg dem alle på et fat og server som forrett.

Næring (per 100 g):300 Kalorier 9,6 g Fett 22,6 g Karbohydrater 6,6 g Protein 644 mg Natrium

agurkbitt

Forberedelsestid: 10 minutter.

På tide å lage mat: 0 minutter

Porsjoner: 12

Vanskelighetsgrad: Lett

Ingredienser:

- 1 engelsk agurk, skåret i 32 skiver
- 10 gram hummus
- 16 cherrytomater, delt i to
- 1 ss hakket persille
- 1 unse fetaost, smuldret

Adresser:

Fordel hummus på hver agurkrunde, del tomathalvdeler på hver, dryss over ost og persille, og server som forrett.

Næring (per 100 g):162 Kalorier 3,4 g Fett 6,4 g Karbohydrater 2,4 g Protein 702 mg Natrium

Fylt avokado

Forberedelsestid: 10 minutter.

På tide å lage mat: 0 minutter

Porsjoner: 2

Vanskelighetsgrad: Lett

Ingredienser:

- 1 avokado, delt i to og uthulet
- 10 gram hermetisk tunfisk, drenert
- 2 ss soltørkede tomater, hakket
- 1 og ½ ss basilikumpesto
- 2 ss sorte oliven, pitlet og hakket
- Salt og sort pepper etter smak
- 2 ts ristede og hakkede pinjekjerner
- 1 ss hakket basilikum

Adresser:

Bland tunfisken med de soltørkede tomatene og resten av ingrediensene unntatt avokadoen og rør. Fyll avokadohalvdelene med tunfiskblandingen og server som forrett.

Næring (per 100 g):233 Kalorier 9 g Fett 11,4 g Karbohydrater 5,6 g Protein 735 mg Natrium

innpakket plommer

Forberedelsestid: 5 minutter.

På tide å lage mat: 0 minutter

Porsjoner: 8

Vanskelighetsgrad: Lett

Ingredienser:

- 2 gram prosciutto, kuttet i 16 stykker
- 4 plommer, delt i kvarte
- 1 ss hakket gressløk
- En klype knuste røde pepperflak

Adresser:

Pakk hver plommekvart inn i en skive prosciutto, legg alle sammen på et fat, dryss gressløk og pepperflak over det hele og server.

Næring (per 100 g):30 kalorier 1 g fett 4 g karbohydrater 2 g protein 439 mg natrium

Marinert fetaost og artisjokker

Forberedelsestid: 10 minutter, pluss 4 timers inaktivitet

På tide å lage mat: 10 minutter

Porsjoner: 2

Vanskelighetsgrad: Lett

Ingredienser:

- 4 gram tradisjonell gresk fetaost, kuttet i ½-tommers terninger
- 4 gram drenerte artisjokkhjerter, delt i kvarte på langs
- 1/3 kopp ekstra virgin olivenolje
- Skal og saft av 1 sitron
- 2 ss grovhakket fersk rosmarin
- 2 ss hakket fersk persille
- ½ ts sorte pepperkorn

Adresser:

Kombiner feta og artisjokkhjerter i en glassbolle. Tilsett olivenolje, sitronskall og saft, rosmarin, persille og pepperkorn og vend forsiktig til belegget, pass på at fetaen ikke smuldrer.

La avkjøles i 4 timer eller opptil 4 dager. Ta ut av kjøleskapet 30 minutter før servering.

Næring (per 100 g):235 Kalorier 23 g Fett 1 g Karbohydrater 4 g Protein 714 mg Natrium

Tunfiskkroketter

Forberedelsestid: 40 minutter, pluss timer å overnatte for å kjøle seg ned

På tide å lage mat: 25 minutter

Porsjoner: 36

Vanskelighetsgrad: Vanskelig

Ingredienser:

- 6 ss ekstra virgin olivenolje, pluss 1 til 2 kopper
- 5 ss mandelmel, pluss 1 kopp, delt
- 1¼ kopper tung krem
- 1 boks (4 unser) gulfinnet tunfisk pakket i olivenolje
- 1 ss hakket rødløk
- 2 ts hakkede kapers
- ½ ts tørket dill
- ¼ ts nykvernet sort pepper
- 2 store egg
- 1 kopp panko brødsmuler (eller en glutenfri versjon)

Adresser:

Varm 6 ss olivenolje over middels lav varme i en stor panne. Tilsett 5 ss mandelmel og kok under konstant omrøring til det dannes en jevn pasta og melet er lett brunet, 2 til 3 minutter.

Velg varmen til middels høy og visp gradvis inn den tunge fløten, mens du visp hele tiden til den er helt jevn og tykk, ytterligere 4 til 5 minutter. Fjern og tilsett tunfisk, rødløk, kapers, dill og pepper.

Overfør blandingen til en 8-tommers firkantet bakebolle som er godt belagt med olivenolje og sett til side ved romtemperatur. Pakk inn og avkjøl i 4 timer eller opptil over natten. For å danne krokettene, ordne tre boller. I ett, pisk eggene. I en annen, tilsett det resterende mandelmelet. I den tredje legger du til panko. Kle en stekeplate med bakepapir.

Slipp en spiseskje med kald tilberedt deig i melblandingen og rull til belegg. Rist av overflødig og rull med hendene til en oval form.

Dypp kroketten i det sammenpiskede egget, og dekk deretter lett med panko. Legg på en bakeplate og gjenta med resten av deigen.

I en liten kjele, varm opp de resterende 1 til 2 koppene olivenolje over middels høy varme.

Når oljen er varmet opp, stek krokettene 3 eller 4 om gangen, avhengig av størrelsen på pannen, og fjern dem med en hullsleiv når de er gyldenbrune. Du må justere temperaturen på oljen fra tid til annen for å unngå forbrenning. Hvis krokettene mørkner veldig raskt, senk temperaturen.

Næring (per 100 g):245 Kalorier 22 g Fett 1 g Karbohydrater 6 g Protein 801 mg Natrium

Crudités av røkt laks

Forberedelsestid: 10 minutter.

På tide å lage mat: 15 minutter

Porsjoner: 4

Vanskelighetsgrad: Lett

Ingredienser:

- 6 gram røkt villaks
- 2 ss stekt hvitløksaioli
- 1 ss dijonsennep
- 1 ss hakket gressløk, kun grønne deler
- 2 ts hakkede kapers
- ½ ts tørket dill
- 4 endiviespyd eller romaine salathjerter
- ½ engelsk agurk, kuttet i ¼-tommers tykke skiver

Adresser:

Skjær røkelaksen i store biter og ha over i en liten bolle. Tilsett aioli, dijon, gressløk, kapers og dill og bland godt. Topp endivestilkene og agurkskivene med en spiseskje av røkelaksblandingen og nyt avkjølt.

Næring (per 100 g):92 Kalorier 5 g Fett 1 g Karbohydrater 9 g Protein 714 mg Natrium

Sitrusmarinerte oliven

Forberedelsestid: 4 timer.

På tide å lage mat: 0 minutter

Porsjoner: 2

Vanskelighetsgrad: Lett

Ingredienser:

- 2 kopper blandede grønne oliven
- ¼ kopp rødvinseddik
- ¼ kopp ekstra virgin olivenolje
- 4 hvitløksfedd finhakket
- Skal og saft av 1 stor appelsin
- 1 ts rød pepperflak
- 2 laurbærblader
- ½ ts malt spisskummen
- ½ ts malt allehånde

Adresser:

Tilsett oliven, eddik, olje, hvitløk, appelsinskall og juice, røde pepperflak, laurbærblader, spisskummen og allehånde og bland godt. Forsegl og avkjøl i 4 timer eller opptil en uke for å la olivenene marinere, rør igjen før servering.

Næring (per 100 g):133 Kalorier 14 g Fett 2 g Karbohydrater 1 g Protein 714 mg Natrium

Oliventapenade med ansjos

Forberedelsestid: 1 time og 10 minutter

På tide å lage mat: 0 minutter

Porsjoner: 2

Vanskelighetsgrad: gjennomsnittlig

Ingredienser:

- 2 kopper pitted Kalamata oliven eller andre svarte oliven
- 2 hakkede ansjosfileter
- 2 ts hakkede kapers
- 1 hvitløksfedd finhakket
- 1 kokt eggeplomme
- 1 ts dijonsennep
- ¼ kopp ekstra virgin olivenolje
- Frøkjeks, runde allsidige snacks eller grønnsaker, til servering (valgfritt)

Adresser:

Skyll olivenene i kaldt vann og la dem renne godt av. I en foodprosessor, blender eller en stor mugge (hvis du bruker en stavmikser) plasser de drenerte oliven, ansjos, kapers, hvitløk, eggeplomme og Dijon. Bearbeid for å danne en tykk pasta. Mens du løper, tilsett olivenolje gradvis.

Ha i en liten bolle, dekk til og avkjøl i minst 1 time for å utvikle smaker. Server med kjeks med frø, på toppen av en allsidig rund sandwich, eller med dine favorittsprøgrønnsaker.

Næring (per 100 g):179 Kalorier 19 g Fett 2 g Karbohydrater 2 g Protein 82 mg Natrium

Greske Deviled Egg

Forberedelsestid: 45 minutter.

På tide å lage mat: 15 minutter

Porsjoner: 4

Vanskelighetsgrad: Lett

Ingredienser:

- 4 store hardkokte egg
- 2 ss stekt hvitløksaioli
- ½ kopp fint smuldret fetaost
- 8 pitted Kalamata oliven, finhakket
- 2 ss hakkede soltørkede tomater
- 1 ss hakket rødløk
- ½ ts tørket dill
- ¼ ts nykvernet sort pepper

Adresser:

Del hardkokte egg i to på langs, fjern eggeplommene og legg eggeplommene i en middels bolle. Ta vare på eggehvitehalvdelene og sett til side. Mos plommene godt med en gaffel. Tilsett aioli, fetaost, oliven, soltørkede tomater, løk, dill og pepper og rør til det er glatt og kremaktig.

Hell fyllet i hver eggehvitehalvdel og avkjøl i 30 minutter, eller opptil 24 timer, tildekket.

Næring (per 100 g):147 Kalorier 11 g Fett 6 g Karbohydrater 9 g Protein 736 mg Natrium

Manchegan cookies

Forberedelsestid: 1 time og 15 minutter

På tide å lage mat: 15 minutter

Porsjoner: 20

Vanskelighetsgrad: Vanskelig

Ingredienser:

- 4 ss smør, ved romtemperatur
- 1 kopp finrevet Manchego ost
- 1 kopp mandelmel
- 1 ts salt, delt
- ¼ ts nykvernet sort pepper
- 1 stort egg

Adresser:

Med en elektrisk mikser, pisk smør og revet ost til det er godt blandet og glatt. Tilsett mandelmelet med ½ ts salt og pepper. Tilsett mandelmelblandingen gradvis til osten, rør hele tiden til deigen samles til en ball.

Legg et stykke pergament eller plastfolie og rull til en sylindrisk stokk omtrent 1½ tommer tykk. Lukk godt og frys deretter i minst 1 time. Forvarm ovnen til 350 ° F. Legg bakepapir eller silikonbakematter på 2 bakeplater.

For å lage det sammenpiskede egget, pisk egget og den resterende ½ ts salt. Skjær den nedkjølte deigen i små skiver, ca ¼-tommers tykke, og legg på foret bakepapir.

Vask toppen av kjeksene med egg og stek til de er gyldenbrune og sprø. Legg på rist til avkjøling.

Serveres varm eller, når den er helt avkjølt, oppbevar den i en lufttett beholder i kjøleskapet i opptil 1 uke.

Næring (per 100 g):243 Kalorier 23 g Fett 1 g Karbohydrater 8 g Protein 804 mg Natrium

Burrata Caprese Stack

Forberedelsestid: 5 minutter.

På tide å lage mat: 0 minutter

Porsjoner: 4

Vanskelighetsgrad: Lett

Ingredienser:

- 1 stor økologisk tomat, gjerne arvestykke
- ½ ts salt
- ¼ ts nykvernet sort pepper
- 1 ball (4 unser) burrataost
- 8 friske basilikumblader, i tynne skiver
- 2 ss ekstra virgin olivenolje
- 1 ss rødvin eller balsamicoeddik

Adresser:

Skjær tomaten i 4 tykke skiver, fjern midten av den harde midten og dryss over salt og pepper. Legg tomatene med den krydrede siden opp på en tallerken. Skjær burrataen i 4 tykke skiver på en separat kantplate og legg en skive oppå hver tomatskive. Topp hver med en fjerdedel av basilikum og hell den reserverte burratakremen fra den kantede platen på toppen.

Drypp over olivenolje og eddik og server med gaffel og kniv.

Næring (per 100 g):153 Kalorier 13 g Fett 1 g Karbohydrater 7 g Protein 633 mg Natrium

Zucchini og Ricotta Fritters med sitron hvitløk Aioli

Forberedelsestid: 10 minutter, pluss 20 minutters pause

På tide å lage mat: 25 minutter

Porsjoner: 4

Vanskelighetsgrad: Vanskelig

Ingredienser:

- 1 stor eller 2 små/mellomstore zucchini
- 1 ts salt, delt
- ½ kopp helmelk ricottaost
- 2 vårløk
- 1 stort egg
- 2 hvitløksfedd finhakket
- 2 ss hakket fersk mynte (valgfritt)
- 2 ts sitronskall
- ¼ ts nykvernet sort pepper
- ½ kopp mandelmel
- 1 ts bakepulver
- 8 ss ekstra virgin olivenolje
- 8 ss stekt hvitløksaioli eller avokadooljemajones

Adresser:

Legg den revne squashen i et dørslag eller på flere lag med tørkepapir. Dryss over ½ teskje salt og la stå i 10 minutter. Bruk et annet lag med tørkepapir, trykk squash for å frigjøre overflødig fuktighet og tørk. Rør inn drenert zucchini, ricotta, gressløk, egg, hvitløk, mynte (hvis du bruker), sitronskall, resterende ½ ts salt og pepper.

Pisk mandelmel og bakepulver. Vend melblandingen inn i zucchiniblandingen og la den hvile i 10 minutter. I en stor stekepanne, arbeid i fire omganger, stek fritterne. For hver porsjon på fire, varm 2 ss olivenolje over middels høy varme. Tilsett 1 haugevis av squashrøre per fritte, trykk med baksiden av en skje for å danne 2- til 3-tommers fritter. Dekk til og la steke 2 minutter før du snur. Stek ytterligere 2 til 3 minutter, dekket, eller til de er sprø, gyllenbrune og gjennomstekt. Du må kanskje redusere varmen til middels for å unngå brenning. Fjern fra pannen og hold varm.

Gjenta for de resterende tre partiene, bruk 2 ss olivenolje for hver batch. Server fritterne lune med aioli.

Næring (per 100 g):448 Kalorier 42 g Fett 2 g Karbohydrater 8 g Protein 744 mg Natrium

Lakse fylte agurker

Forberedelsestid: 10 minutter.

På tide å lage mat: 0 minutter

Porsjoner: 4

Vanskelighetsgrad: Lett

Ingredienser:

- 2 store agurker, skrelt
- 1 boks (4 unser) sockeye laks
- 1 veldig moden middels avokado
- 1 ss ekstra virgin olivenolje
- Skal og saft av 1 lime
- 3 ss hakket fersk koriander
- ½ ts salt
- ¼ ts nykvernet sort pepper

Adresser:

Skjær agurken i 1-tommers tykke kiler, og bruk en skje, skrap ut frøene fra midten av hvert segment og legg på en tallerken. I en middels bolle kombinerer du laks, avokado, olivenolje, limeskall og juice, koriander, salt og pepper og bland til kremaktig.

Legg lakseblandingen i midten av hvert agurksegment og server kaldt.

Næring (per 100 g):159 Kalorier 11 g Fett 3 g Karbohydrater 9 g Protein 739 mg Natrium

Geitost og Makrell Pate

Forberedelsestid: 10 minutter.

På tide å lage mat: 0 minutter

Porsjoner: 4

Vanskelighetsgrad: Lett

Ingredienser:

- 4 unser vill makrell pakket i olivenolje

- 2 gram geitost

- Skal og saft av 1 sitron

- 2 ss hakket fersk persille

- 2 ss hakket fersk ruccola

- 1 ss ekstra virgin olivenolje

- 2 ts hakkede kapers

- 1 til 2 ts fersk pepperrot (valgfritt)

- Kjekkebrød, agurkskiver, endive eller selleri, til servering (valgfritt)

Adresser:

Kombiner makrell, geitost, sitronskall og juice, persille, ruccola, olivenolje, kapers og pepperrot i en foodprosessor, blender eller stor bolle med en stavmikser (hvis du bruker det). Bearbeid eller bland til den er jevn og kremaktig.

Server med kjeks, agurkskiver, endive eller selleri. Forsegle tildekket i kjøleskapet i opptil 1 uke.

Næring (per 100 g):118 Kalorier 8 g Fett 6 g Karbohydrater 9 g Protein 639 mg Natrium

Smak av middelhavsfettbomber

Forberedelsestid: 4 timer og 15 minutter

På tide å lage mat: 0 minutter

Porsjoner: 6

Vanskelighetsgrad: gjennomsnittlig

Ingredienser:

- 1 kopp smuldret geitost
- 4 ss krukkepesto
- 12 pitted Kalamata oliven, finhakket
- ½ kopp finhakkede valnøtter
- 1 ss hakket fersk rosmarin

Adresser:

I en middels bolle, slå sammen geitost, pesto og oliven og bland godt med en gaffel. Frys i 4 timer for å stivne.

Bruk hendene og rull blandingen til 6 kuler, ca ¾-tommers i diameter. Blandingen vil være klissete.

I en liten bolle legger du valnøttene og rosmarinen og ruller geitostekulene i valnøttblandingen for å dekkes. Oppbevar fettbomber i kjøleskapet i opptil 1 uke eller i fryseren i opptil 1 måned.

Næring (per 100 g):166 Kalorier 15 g Fett 1 g Karbohydrater 5 g Protein 736 mg Natrium

Avokado Gazpacho

Forberedelsestid: 15 minutter.

På tide å lage mat: 10 minutter

Porsjoner: 4

Vanskelighetsgrad: Lett

Ingredienser:

- 2 kopper hakkede tomater
- 2 store modne avokadoer, halvert og uthulet
- 1 stor agurk, skrelt og frø
- 1 middels paprika (rød, oransje eller gul), hakket
- 1 kopp helmelk gresk yoghurt
- ¼ kopp ekstra virgin olivenolje
- ¼ kopp hakket fersk koriander
- ¼ kopp hakket vårløk, kun grønn del
- 2 ss rødvinseddik
- Saft av 2 lime eller 1 sitron
- ½ til 1 ts salt
- ¼ ts nykvernet sort pepper

Adresser:

Bruk en stavmikser til å kombinere tomater, avokado, agurk, paprika, yoghurt, olivenolje, koriander, løkløk, eddik og limejuice. Bland til glatt.

Krydre og bland for å kombinere smakene. Serveres kaldt.

Næring (per 100 g):392 Kalorier 32 g Fett 9 g Karbohydrater 6 g Protein 694 mg Natrium

Krabbekake Salatkopper

Forberedelsestid: 35 minutter.

På tide å lage mat: 20 minutter

Porsjoner: 4

Vanskelighetsgrad: gjennomsnittlig

Ingredienser:

- 1 pund kjempekrabbe
- 1 stort egg
- 6 ss stekt hvitløksaioli
- 2 ss dijonsennep
- ½ kopp mandelmel
- ¼ kopp hakket rødløk
- 2 ts røkt paprika
- 1 ts sellerisalt
- 1 ts hvitløkspulver
- 1 ts tørket dill (valgfritt)
- ½ ts nykvernet sort pepper
- ¼ kopp ekstra virgin olivenolje
- 4 store Bibb-salatblader, tykke pigger fjernet

Adresser:

Legg krabbekjøttet i en stor bolle og øs ut eventuelle synlige skjell, del deretter opp kjøttet med en gaffel. I en liten bolle, visp sammen egget, 2 ss aioli og dijonsennep. Legg til krabbekjøttet og bland med en gaffel. Tilsett mandelmel, rødløk, paprika, sellerisalt, hvitløkspulver, dill (hvis du bruker) og pepper og bland godt. La stå i romtemperatur i 10 til 15 minutter.

Form til 8 små kaker, ca 2 tommer i diameter. Kok olivenoljen over middels høy varme. Stek kakene til de er gyldenbrune, 2 til 3 minutter på hver side. Pakk inn, reduser varmen til lav og kok i ytterligere 6 til 8 minutter, eller til den har satt seg i midten. Fjern fra pannen.

For å servere, pakk 2 små krabbekaker inn i hvert salatblad og topp med 1 ss aioli.

Næring (per 100 g):344 Kalorier 24 g Fett 2 g Karbohydrater 24 g Protein 804 mg Natrium

Estragon Orange Kylling Salat Wrap

Forberedelsestid: 15 minutter.

På tide å lage mat: 0 minutter

Porsjoner: 4

Vanskelighetsgrad: Lett

Ingredienser:

- ½ kopp helmelk gresk yoghurt
- 2 ss dijonsennep
- 2 ss ekstra virgin olivenolje
- 2 ss fersk estragon
- ½ ts salt
- ¼ ts nykvernet sort pepper
- 2 kopper kokt strimlet kylling
- ½ kopp hakkede mandler
- 4 til 8 store Bibb-salatblader, tøff stilk fjernet
- 2 små modne avokadoer, skrellet og skåret i tynne skiver
- Skal av 1 klementin eller ½ liten appelsin (ca. 1 ss)

Adresser:

I en middels bolle kombinerer du yoghurt, sennep, olivenolje, estragon, appelsinskall, salt og pepper og pisk til det er kremaktig. Tilsett strimlet kylling og mandler og bland til belegg.

For å sette sammen wraps, plasser omtrent ½ kopp av kyllingsalatblandingen i midten av hvert salatblad og topp med avokadoskiver.

Næring (per 100 g):440 kalorier 32g l Fett 8g Karbohydrater 26g Protein 607mg Natrium

Sopp fylt med fetaost og quinoa

Forberedelsestid: 5 minutter.

På tide å lage mat: 8 minutter

Porsjoner: 6

Vanskelighetsgrad: gjennomsnittlig

Ingredienser:

- 2 ss finhakket rød paprika
- 1 finhakket hvitløksfedd
- ¼ kopp kokt quinoa
- 1/8 ts salt
- ¼ teskje tørket oregano
- 24 sopp, oppstammet
- 2 gram smuldret fetaost
- 3 ss brødsmuler av hele hvete
- olivenolje spray for matlaging

Adresser:

Forvarm frityrkokeren til 360 ° F. Bland paprika, hvitløk, quinoa, salt og oregano i en liten bolle. Hell quinoafyllet i sopphettene til det akkurat er fylt. Legg en liten bit feta på toppen av hver sopp. Dryss en klype brødsmuler over fetaosten på hver sopp.

Kle luftfrityrkurven med matlagingsspray, og legg deretter soppen forsiktig i kurven, pass på at de ikke berører hverandre.

Plasser kurven i luftfrityren og stek i 8 minutter. Ta ut av frityrkokeren og server.

Næring (per 100 g):97 Kalorier 4 g Fett 11 g Karbohydrater 7 g Protein 677 mg Natrium

Fem-ingrediens falafel med hvitløk og yoghurtsaus

Forberedelsestid: 5 minutter.

På tide å lage mat: 15 minutter

Porsjoner: 4

Vanskelighetsgrad: Vanskelig

Ingredienser:

- <u>For falafel</u>
- 1 (15 unse) boks kikerter, drenert og skylt
- ½ kopp fersk persille
- 2 hakkede hvitløksfedd
- ½ spiseskje malt spisskummen
- 1 ss fullkornshvetemel
- Salt
- <u>Til hvitløk og yoghurtsaus</u>
- 1 kopp fettfri vanlig gresk yoghurt
- 1 finhakket hvitløksfedd
- 1 ss hakket fersk dill
- 2 ss sitronsaft

Adresser:

For å lage falafel

Forvarm frityrkokeren til 360 ° F. Ha kikerter i en foodprosessor. Puls til nesten hakket, tilsett deretter persille, hvitløk og spisskummen og puls i ytterligere noen minutter, til ingrediensene blir en deig.

Tilsett melet. Puls et par ganger til til det er kombinert. Røren får tekstur, men kikertene må knuses i små biter. Med rene hender ruller du deigen til 8 like store baller, og banker deretter lett på ballene for å lage dem omtrent ½ tykke skiver.

Kle luftfrityrkurven med matlagingsspray, legg deretter falafelkakene i kurven i et enkelt lag, og pass på at de ikke berører hverandre. Stek i frityrkokeren i 15 minutter.

For å lage hvitløk og yoghurtsaus

Bland yoghurt, hvitløk, dill og sitronsaft. Når falafelen er klar til steking og pent brunet på alle sider, ta den ut av frityrkokeren og smak til med salt. Server den varme siden av sausen til dipping.

Næring (per 100 g):151 Kalorier 2 g Fett 10 g Karbohydrater 12 g Protein 698 mg Natrium

Sitron reker med hvitløk olivenolje

Forberedelsestid: 5 minutter

På tide å lage mat: 6 minutter

Porsjoner: 4

Vanskelighetsgrad: gjennomsnittlig

Ingredienser:

- 1 pund medium reker, renset og deveiert
- ¼ kopp pluss 2 ss olivenolje, delt
- Saft av ½ sitron
- 3 fedd hvitløk hakket og delt
- ½ ts salt
- ¼ ts rød pepperflak
- Sitronskiver, til servering (valgfritt)
- Marinara saus, for dypping (valgfritt)

Adresser:

Forvarm frityrkokeren til 380 ° F. Tilsett reker med 2 ss olivenolje, sitronsaft, 1/3 hakket hvitløk, salt og rød pepperflak og dekk godt til.

Kombiner den resterende ¼ koppen olivenolje og den resterende hakkede hvitløken i en liten panne. Riv av et 12 x 12-tommers (30 x 30 cm) ark med aluminiumsfolie. Plasser rekene i midten av folien, brett deretter sidene opp og krøll kantene slik at de danner en foliebolle som er åpen på toppen. Legg denne pakken i frityrkurven.

Grill rekene i 4 minutter, åpne deretter frityrkokeren og legg ramekin med olje og hvitløk i kurven ved siden av rekepakken. Kok i 2 minutter til. Overfør rekene til en serveringstallerken eller tallerken med hvitløksolivenoljekassen på siden for dypping. Du kan også servere med sitronbåter og marinarasaus, hvis du vil.

Næring (per 100 g):264 Kalorier 21 g Fett 10 g Karbohydrater 16 g Protein 473 mg Natrium

Sprø grønne bønnefrites med sitronyoghurtdip

Forberedelsestid: 5 minutter.

På tide å lage mat: 5 minutter

Porsjoner: 4

Vanskelighetsgrad: gjennomsnittlig

Ingredienser:

- <u>For de grønne bønner</u>
- 1 egg
- 2 ss vann
- 1 ss fullkornshvetemel
- ¼ teskje paprika
- ½ ts hvitløkspulver
- ½ ts salt
- ¼ kopp hel hvete brødsmuler
- ½ pund hele grønne bønner
- <u>Til sitron- og yoghurtsausen</u>
- ½ kopp fettfri vanlig gresk yoghurt
- 1 ss sitronsaft
- ¼ teskje salt
- 1/8 ts kajennepepper

Adresse:

For å lage grønne bønner

Forvarm frityrkokeren til 380 °F.

Kombiner egget og vannet i en middels grunn bolle til skum. I en annen grunn, middels bolle, visp sammen mel, paprika, hvitløkspulver og salt, og bland deretter inn brødsmulene.

Dekk bunnen av frityrkokeren med matlagingsspray. Dypp hver grønne bønne i eggeblandingen, deretter i brødsmuleblandingen, belegg utsiden med smulene. Plasser de grønne bønnene i et enkelt lag i bunnen av frityrkurven.

Stek i frityrkokeren i 5 minutter eller til paneringen er gylden.

For å lage sitron og yoghurtsaus

Rør inn yoghurt, sitronsaft, salt og cayennepepper. Server pommes frites med grønne bønner sammen med sitronyoghurtdip som snacks eller forrett.

Næring (per 100 g):88 kalorier 2 g fett 10 g karbohydrater 7 g protein 697 mg natrium

Hjemmelagde Sea Salt Pita Chips

Forberedelsestid: 2 minutter.

På tide å lage mat: 8 minutter

Porsjoner: 2

Vanskelighetsgrad: Lett

Ingredienser:

- 2 fullkornspitaer
- 1 ss olivenolje
- ½ ts kosher salt

Adresser

Forvarm frityrkokeren til 360 ° F. Skjær hver pita i 8 kiler. I en middels bolle blander du pitablåtene, olivenolje og salt til kilene er belagt og olivenoljen og saltet er jevnt fordelt.

Legg pitaskivene i luftfrityrkurven i et jevnt lag og stek i 6 til 8 minutter.

Smak til med ekstra salt om ønskelig. Server alene eller med din favorittsaus.

Næring (per 100 g):230 Kalorier 8 g Fett 11 g Karbohydrater 6 g Protein 810 mg Natrium

Bakt Spanakopita Dip

Forberedelsestid: 10 minutter.

På tide å lage mat: 15 minutter

Porsjoner: 2

Vanskelighetsgrad: gjennomsnittlig

Ingredienser:

- olivenolje spray for matlaging
- 3 ss olivenolje, delt
- 2 ss hakket hvitløk
- 2 hakkede hvitløksfedd
- 4 kopper fersk spinat
- 4 gram kremost, myknet
- 4 gram fetaost, delt
- skall av 1 sitron
- ¼ ts malt muskatnøtt
- 1 ts tørket dill
- ½ ts salt
- Pitachips, gulrotpinner eller oppskåret brød til servering (valgfritt)

Adresser:

Forvarm frityrkokeren til 360 ° F. Dekk innsiden av en 6-tommers bakebolle med nonstick-spray.

Varm opp 1 ss olivenolje i en stor panne over middels varme. Tilsett løken, og stek deretter i 1 minutt. Tilsett hvitløken og stek under omrøring i 1 minutt til.

Senk varmen og bland spinat og vann. Kok til spinaten mykner. Fjern pannen fra varmen. I en middels bolle, visp sammen kremost, 2 gram fetaost og resten av olivenolje, sitronskall, muskat, dill og salt. Bland til det er blandet.

Legg grønnsakene til ostebunnen og rør til de er så vidt blandet. Hell sausblandingen i den tilberedte pannen og topp med de resterende 2 gram fetaost.

Legg sausen i frityrkurven og stek i 10 minutter, eller til den er gjennomvarme og boblende. Server med pitachips, gulrotstaver eller oppskåret brød.

Næring (per 100 g):550 Kalorier 52 g Fett 21 g Karbohydrater 14 g Protein 723 mg Natrium

Stekt perleløksdip

Forberedelsestid: 5 minutter.

På tide å lage mat: 12 minutter pluss 1 time til avkjøling

Porsjoner: 4

Vanskelighetsgrad: gjennomsnittlig

Ingredienser:

- 2 kopper skrelte perleløk
- 3 fedd hvitløk
- 3 ss olivenolje, delt
- ½ ts salt
- 1 kopp fettfri vanlig gresk yoghurt
- 1 ss sitronsaft
- ¼ teskje svart pepper
- 1/8 ts rød pepperflak
- Pitachips, grønnsaker eller toast til servering (valgfritt)

Adresser:

Forvarm frityrkokeren til 360 ° F. Kombiner perleløk og hvitløk i en stor bolle med 2 ss olivenolje til løken er godt belagt.

Hell hvitløk- og løkblandingen i luftfrityrkurven og grill i 12 minutter. Ha hvitløk og løk i en foodprosessor. Puls grønnsakene et par ganger, til løken er hakket, men fortsatt har noen biter.

Tilsett hvitløk og løk og den resterende spiseskjeen olivenolje, sammen med salt, yoghurt, sitronsaft, sort pepper og rød pepperflak. Avkjøl i 1 time før servering med pitabrød, grønnsaker eller toast.

Næring (per 100 g):150 Kalorier 10 g Fett 6 g Karbohydrater 7 g Protein 693 mg Natrium

rød paprika tapenade

Forberedelsestid: 5 minutter.

På tide å lage mat: 5 minutter

Porsjoner: 4

Vanskelighetsgrad: gjennomsnittlig

Ingredienser:

- 1 stor rød paprika
- 2 ss pluss 1 ts olivenolje
- ½ kopp Kalamata-oliven, uthulet og hakket
- 1 finhakket hvitløksfedd
- ½ ts tørket oregano
- 1 ss sitronsaft

Adresser:

Forvarm airfryer til 380 ° F. Pensle utsiden av en hel rød paprika med 1 ts olivenolje og plasser inne i airfryer-kurven. Grill i 5 minutter. I mellomtiden, i en middels bolle, visp sammen de resterende 2 ss olivenolje med oliven, hvitløk, oregano og sitronsaft.

Fjern den røde paprikaen fra frityrkokeren, kutt deretter stilken forsiktig og fjern frøene. Kutt den stekte paprikaen i små biter.

Tilsett den røde paprikaen i olivenblandingen og rør alt sammen til det akkurat er blandet. Server med pitabrød, kjeks eller knasende brød.

Næring (per 100 g):104 Kalorier 10 g Fett 9 g Karbohydrater 1 g Protein 644 mg Natrium

Gresk potetskall med oliven og fetaost

Forberedelsestid: 5 minutter.

På tide å lage mat: 45 minutter

Porsjoner: 4

Vanskelighetsgrad: Vanskelig

Ingredienser:

- 2 rødlige poteter
- 3 ss olivenolje
- 1 ts kosher salt, delt
- ¼ teskje svart pepper
- 2 ss fersk koriander
- ¼ kopp Kalamata oliven, i terninger
- ¼ kopp smuldret fetaost
- Hakket fersk persille, til dekorasjon (valgfritt)

Adresser:

Forvarm frityrkokeren til 380 ° F. Bruk en gaffel, stikk 2 til 3 hull i potetene, og dekk dem deretter med omtrent ½ ss olivenolje og ½ ts salt.

Legg potetene i luftfrityrkurven og stek i 30 minutter. Ta potetene ut av frityrkokeren og del dem i to. Skrap kjøttet ut av potetene med en skje, la et ½-tommers lag med potet være inni skinnet, og sett til side.

I en middels bolle kombinerer du potethalvdelene med de resterende 2 ss olivenolje, ½ ts salt, sort pepper og koriander. Bland til det er godt blandet. Del potetfyllet i de nå tomme potetskallene, fordel det jevnt over dem. Topp hver potet med en spiseskje oliven og fetaost.

Plasser de ladede potetskallene tilbake i luftfrityren og stek i 15 minutter. Server med ekstra hakket koriander eller persille og en klatt olivenolje, om ønskelig.

Næring (per 100 g):270 kalorier 13 g fett 34 g karbohydrater 5 g protein 672 mg natrium

Artisjokk og Oliven Pita Flatbrød

Forberedelsestid: 5 minutter.

På tide å lage mat: 10 minutter

Porsjoner: 4

Vanskelighetsgrad: Lett

Ingredienser:

- 2 fullkornspitaer
- 2 ss olivenolje, delt
- 2 hakkede hvitløksfedd
- ¼ teskje salt
- ½ kopp hermetiske artisjokkhjerter, i skiver
- ¼ kopp Kalamata oliven
- ¼ kopp revet parmesanost
- ¼ kopp smuldret fetaost
- Hakket fersk persille, til dekorasjon (valgfritt)

Adresser:

Forvarm frityrkokeren til 380 ° F. Pensle hver pita med 1 ss olivenolje, og dryss deretter hakket hvitløk og salt på toppen.

Fordel artisjokkhjertene, olivenene og ostene jevnt mellom de to pitaene, og legg begge i luftfrityren for å steke i 10 minutter. Fjern pitaene og kutt i 4 biter hver før servering. Dryss persille på toppen, om ønskelig.

Næring (per 100 g):243 Kalorier 15 g Fett 10 g Karbohydrater 7 g Protein 644 mg Natrium

Quinoa Pizza Muffins

Forberedelsestid: 15 minutter.

På tide å lage mat: 30 minutter

Porsjoner: 4

Vanskelighetsgrad: Lett

Ingredienser:

- 1 kopp rå quinoa
- 2 store egg
- ½ middels løk, i terninger
- 1 kopp paprika i terninger
- 1 kopp revet mozzarellaost
- 1 ss tørket basilikum
- 1 ss tørket oregano
- 2 ts hvitløkspulver
- 1/8 ts salt
- 1 ts knust rød paprika
- ½ kopp stekt rød paprika, hakket*
- Pizzasaus, ca 1-2 kopper

Adresser:

Forvarm ovnen til 350oF. Kok quinoaen etter instruksjonene. Bland alle ingrediensene (unntatt sausen) i en bolle. Bland godt sammen alle ingrediensene.

Hell quinoapizzablandingen jevnt inn i muffinsformen. Gir 12 muffins. Stek i 30 minutter til muffinsene er gyldenbrune og kantene sprø.

Topp med 1-2 ss pizzasaus og nyt!

Næring (per 100 g):303 Kalorier 6,1 g Fett 41,3 g Karbohydrater 21 g Protein 694 mg Natrium

Rosmarin- og valnøttbrød

Forberedelsestid: 5 minutter.

På tide å lage mat: 45 minutter

Porsjoner: 8

Vanskelighetsgrad: Vanskelig

Ingredienser:

- ½ kopp hakkede valnøtter
- 4 ss hakket fersk rosmarin
- 1 1/3 kopper varmt kullsyreholdig vann
- 1 ss honning
- ½ kopp ekstra virgin olivenolje
- 1 ts eplecidereddik
- 3 egg
- 5 ts instant tørr gjærgranulat
- 1 ts salt
- 1 ss xantangummi
- ¼ kopp pulverisert kjernemelk
- 1 kopp hvitt rismel
- 1 kopp tapiokastivelse
- 1 kopp pilrotstivelse
- 1 ¼ kopper Bob's Red Mill Glutenfri All Purpose Flour Blend

Adresser:

Pisk eggene godt i en stor bolle. Tilsett 1 kopp varmt vann, honning, olivenolje og eddik.

Uten å stoppe å piske kontinuerlig, bland inn resten av ingrediensene bortsett fra rosmarin og valnøttene.

Fortsett å slå. Hvis deigen er for fast, rør inn litt varmt vann. Deigen skal være luftig og tykk.

Tilsett så rosmarin og valnøtter fortsett å elte til jevnt fordelt.

Dekk bollen med deig med et rent håndkle, sett på et lunt sted og la den hvile i 30 minutter.

Etter femten minutter etter hevetiden, forvarm ovnen til 400oF.

Smør en gryte på 2 liter sjenerøst med olivenolje og forvarm i ovnen uten lokk.

Når deigen er ferdig hevet, tar du kjelen ut av ovnen og legger deigen inni. Bruk en våt slikkepott og fordel toppen av røren jevnt i kjelen.

Pensle toppen av brødet med 2 ss olivenolje, dekk til pannen og stek i 35 til 45 minutter. Når brødet er ferdig, ta det ut av ovnen.

Og fjern brødet forsiktig fra gryten. La brødet avkjøles i minst ti minutter før det skjæres i skiver. Server og nyt.

Næring (per 100 g):424 Kalorier 19 g Fett 56,8 g Karbohydrater 7 g Protein 844 mg Natrium

Velsmakende Grumpy Panini

Forberedelsestid: 5 minutter.

På tide å lage mat: 10 minutter

Porsjoner: 4

Vanskelighetsgrad: Lett

Ingredienser:

- 1 ss olivenolje
- Franskbrød knust og kuttet på diagonalen
- 1 pund krabbereker
- ½ kopp selleri
- ¼ kopp hakket grønn løk
- 1 ts Worcestershire saus
- 1 ts sitronsaft
- 1 ss dijonsennep
- ½ kopp lett majones

Adresser:

Bland følgende godt i en middels bolle: selleri, løk, Worcestershire, sitronsaft, sennep og majones. Smak til med pepper og salt. Tilsett deretter mandlene og krabbene forsiktig.

Pensle sidene av det skivede brødet med olivenolje og pensle med krabbeblandingen før du dekker med en annen brødskive.

Grill smørbrødet i en paninipresse til brødet er sprøtt og rillet.

Næring (per 100 g):248 Kalorier 10,9 g Fett 12 g Karbohydrater 24,5 g Protein 845 mg Natrium

Perfekt pizza og bakverk

Forberedelsestid: 35 minutter.

På tide å lage mat: 15 minutter

Porsjoner: 10

Vanskelighetsgrad: Vanskelig

Ingredienser:

- <u>Til pizzadeigen:</u>
- 2 ts honning
- 1/4 oz. tørr aktiv gjær
- 11/4 kopper varmt vann (ca. 120°F)
- 2 ss olivenolje
- 1 ts havsalt
- 3 kopper fullkornshvetemel + 1/4 kopp etter behov for elting
- <u>Til pizzatoppen:</u>
- 1 kopp pestosaus
- 1 kopp artisjokkhjerter
- 1 kopp visne spinatblader
- 1 kopp soltørket tomat
- 1/2 kopp Kalamata oliven
- 4 oz. fetaost
- 4 oz. blandet ost laget av like deler lav-fett mozzarella, asiago og provolone Olivenolje
- <u>Valgfrie dekningstillegg:</u>

- Paprika
- Kyllingbryst, strimler Fersk basilikum
- tannhjul

Adresser:

Til pizzadeigen:

Forvarm ovnen til 350°F.

Rør honning og gjær med det varme vannet i foodprosessoren med deigtilbehør. Bland blandingen til den er helt kombinert. La blandingen hvile i 5 minutter for å sikre gjæraktivitet ved at det kommer bobler på overflaten.

Hell i olivenoljen. Tilsett saltet og bland i et halvt minutt. Tilsett gradvis 3 kopper mel, omtrent en halv kopp om gangen, og bland i et par minutter mellom hver tilsetning.

La prosessoren elte blandingen i 10 minutter til den er jevn og elastisk, og drys den med mel når det er nødvendig for å forhindre at deigen fester seg til overflaten av prosessorbollen.

Ta ut deigen fra bollen. La stå i 15 minutter, dekket med et varmt, fuktig håndkle.

Kjevle ut deigen til en halv tomme tykkelse og dryss med mel etter behov. Stikk hull vilkårlig i deigen med en gaffel for å forhindre at skorpen bobler.

Legg den perforerte rulledeigen på en pizzastein eller bakeplate. Stek i 5 minutter.

Til pizzatoppen:

Pensle den bakte pizzabunnen lett med olivenolje.

Hell over pestosausen og fordel godt over overflaten av pizzaskorpen, og la det være et 1/2-tommers gap rundt kanten som bunn.

Topp pizzaen med artisjokkhjerter, visne spinatblader, soltørkede tomater og oliven. (Topp med flere plugins, etter ønske.) Dekk toppen med osten.

Legg pizzaen direkte på ovnsristen. Stek i 10 minutter til osten er boblende og smeltet fra senter til ende. La pizzaen avkjøles i 5 minutter før du skjærer den.

Næring (per 100 g):242,8 Kalorier 15,1 g Fett 15,7 g Karbohydrater 14,1 g Protein 942 mg Natrium

Middelhavsmodell Margherita

Forberedelsestid: 15 minutter.

På tide å lage mat: 15 minutter

Porsjoner: 10

Vanskelighetsgrad: Vanskelig

Ingredienser:

- 1 batch pizzaskall
- 2 ss olivenolje
- 1/2 kopp knuste tomater
- 3 Roma tomater, skiver 1/4-tommers tykke
- 1/2 kopp friske basilikumblader, i tynne skiver
- 6 oz. mozzarellablokk, kuttet i 1/4-tommers skiver, tørk med et papirhåndkle
- 1/2 ts havsalt

Adresser:

Forvarm ovnen til 450°F.

Pensle bunnen av pizzaen lett med olivenolje. Spre de knuste tomatene godt over pizzaskorpen, og la det være et 1/2-tommers gap rundt kanten som skorpen.

Topp pizzaen med Roma tomatskiver, basilikumblader og mozzarellaskiver. Dryss salt over pizzaen.

Legg pizzaen direkte over på ovnsristen. Stek til osten er smeltet fra midten til skorpen. Sett til side før du skjærer i skiver.

Næring (per 100 g):251 Kalorier 8 g Fett 34 g Karbohydrater 9 g Protein 844 mg Natrium

Bærbare Pakkede piknikdeler

Forberedelsestid: 5 minutter.

På tide å lage mat: 0 minutter

Porsjoner: 1

Vanskelighetsgrad: Lett

Ingredienser:

- 1 skive grovt brød, kuttet i små biter
- 10 stykker cherrytomater
- 1/4 oz. lagret ost, i skiver
- 6 oliven herdet i olje

Adresser:

Pakk hver av ingrediensene i en bærbar beholder for å tjene som snacks mens du er på farten.

Næring (per 100 g):197 Kalorier 9 g Fett 22 g Karbohydrater 7 g Protein 499 mg Natrium

Frittata fylt med krydret zucchini og tomatpynt

Forberedelsestid: 10 minutter.

På tide å lage mat: 15 minutter

Porsjoner: 4

Vanskelighetsgrad: Lett

Ingredienser:

- 8 stk egg
- 1/4 ts knust rød pepper
- 1/4 ts salt
- 1 ss olivenolje
- 1 stykke liten zucchini, kuttet i tynne skiver på langs
- 1/2 kopp røde eller gule cherrytomater, halvert
- 1/3 kopp valnøtter, grovhakkede
- 2 oz. bitestore kuler av fersk mozzarella (bocconcini)

Adresser:

Forvarm grillen. I mellomtiden, visp sammen egg, knust rød pepper og salt i en middels bolle. Sette til side.

Varm olivenoljen i en 10-tommers stekepanne satt over middels høy varme. Legg zucchiniskivene i et jevnt lag i bunnen av pannen. Stek i 3 minutter, snu én gang, halvveis.

Topp zucchinilaget med cherrytomater. Ha eggeblandingen over grønnsakene i en panne. Topp med valnøtter og mozzarellakuler.

Bytt til middels varme. Stek til sidene begynner å stivne. Bruk en slikkepott og løft frittataen slik at de ukokte delene av eggeblandingen flyter under.

Sett stekepannen på broileren. Grill frittataen 4 tommer fra varmen i 5 minutter til toppen er stivnet. For å servere skjærer du frittataen i skiver.

Næring (per 100 g):284 kalorier 14 g fett 4 g karbohydrater 17 g protein 788 mg natrium

Rømme Bananbrød

Forberedelsestid: 10 minutter.

På tide å lage mat: 1 time 10 minutter

Porsjoner: 32

Vanskelighetsgrad: gjennomsnittlig

Ingredienser:

- Hvitt sukker (0,25 kopp)
- Kanel (1 ts + 2 ts)
- Smør (0,75)
- Hvitt sukker (3 kopper)
- Egg (3)
- Svært modne plantains, most (6)
- Rømme (16 oz. beholder)
- Vaniljeekstrakt (2 ts)
- Salt (0,5 ts)
- Natron (3 ts)
- Alle formål mel (4,5 kopper)
- Valgfritt: hakkede valnøtter (1 kopp)
- Også nødvendig: 4- til 7-x-3-tommers brødformer

Adresser:

Sett ovnen til å nå 300 ° Fahrenheit. Smør brødformene.

Sikt sammen sukker og en teskje kanel. Dryss pannen med blandingen.

Pisk smøret med resten av sukkeret. Mos bananene med egg, kanel, vanilje, rømme, salt, natron og mel. Tilsett nøttene sist.

Hell blandingen i kasserollene. Stek den i en time. Delta

Næring (per 100 g):263 Kalorier 10,4 g Fett 9 g Karbohydrater 3,7 g Protein 633 mg Natrium

hjemmelaget pitabrød

Forberedelsestid: 15 minutter.

På tide å lage mat: 5 timer (inkluderer stigetider)

Porsjoner: 7

Vanskelighetsgrad: Vanskelig

Ingredienser:

- Tørrgjær (0,25 oz.)
- Sukker (0,5 teskjeer)
- Alle formål og fullkornsbrødmel/blanding (2,5 kopper + mer for støvtørking)
- Salt (0,5 ts)
- Vann (0,25 kopper eller etter behov)
- olje etter behov

Adresser:

Løs opp gjær og sukker i ¼ kopp varmt vann i en liten miksebolle. Vent ca. 15 minutter (klar når den er skummende).

Sikt mel og salt i en annen bolle. Lag et hull i midten og tilsett gjærblandingen (+) en kopp vann. Elt deigen.

Legg den på en lett melet overflate og elt.

Ha en dråpe olje i bunnen av en stor bolle og rull deigen slik at den dekker overflaten.

Legg et fuktig kjøkkenhåndkle over deigbeholderen. Pakk inn beholderen med en fuktig klut og plasser den på et varmt sted i minst to timer eller over natten. (Deigen dobles i størrelse.)

Slå ned deigen og elt brødet og del det i små kuler. Flat kulene til tykke ovale skiver.

Dryss et kjøkkenhåndkle med mel og legg de ovale skivene på toppen, og la det være nok plass til å utvide seg mellom dem. Dryss med mel og legg en annen ren klut på toppen. La det sitte i en til to timer til.

Sett ovnen til 425 ° Fahrenheit. Sett flere bakeplater i ovnen for å varme opp kort. Smør de oppvarmede kakeplatene lett med olje og legg de ovale brødskivene på dem.

Dryss ovalene lett med vann og stek til de er lett brune eller 6 til 8 minutter.

Server dem mens de er varme. Legg flatbrødet på en rist og pakk det inn i en ren, tørr klut for å holde den myk til senere.

Næring (per 100 g):210 Kalorier 4 g Fett 6 g Karbohydrater 6 g Protein 881 mg Natrium

flatbrød smørbrød

Forberedelsestid: 10 minutter.

På tide å lage mat: 20 minutter

Porsjoner: 6

Vanskelighetsgrad: Lett

Ingredienser:

- Olivenolje (1 ss)
- 7 korn pilaf (8,5 oz. pk.)
- Engelsk agurk uten frø (1 kopp)
- tomat uten frø (1 kopp)
- Smuldret fetaost (0,25 kopp)
- Fersk sitronsaft (2 ss)
- Nykvernet sort pepper (0,25 teskjeer)
- Vanlig hummus (7 oz. badekar)
- Hvit full hvete flatbrød wrap (3 til 2,8 oz hver)

Adresser:

Kok pilaffen etter anvisning på pakken og la den avkjøles.

Hakk og kombiner tomat, agurk, ost, olje, paprika og sitronsaft. Brett pilafen.

Forbered rundstykkene med hummusen ved siden av. Hell i pilaffen og brett den sammen.

Skjær i en sandwich og server.

Næring (per 100 g):310 Kalorier 9 g Fett 8 g Karbohydrater 10 g Protein 745 mg Natrium

Mezze tallerken med ristet Zaatar

Pitabrød

Forberedelsestid: 10 minutter.

På tide å lage mat: 10 minutter

Porsjoner: 4

Vanskelighetsgrad: gjennomsnittlig

Ingredienser:

- Hel hvete Pita runder (4)
- Olivenolje (4 ss)
- Zaatar (4 teskjeer)
- gresk yoghurt (1 kopp)
- Svart pepper og kosher salt (etter din smak)
- Hummus (1 kopp)
- Marinerte artisjokkhjerter (1 kopp)
- Assorterte oliven (2 kopper)
- Skiver stekt rød paprika (1 kopp)
- cherrytomater (2 kopper)
- Salami (4 oz.)

Adresser:

Bruk middels høy varmeinnstilling for å varme opp en stor stekepanne.

Smør pitabrødet lett med oljen på hver side og tilsett zaatar for krydder.

Forbered i omganger ved å legge pitaen i en panne og riste til den er gyldenbrun. Det bør ta omtrent to minutter på hver side. Skjær hver av pitaene i kvarte.

Smak til yoghurten med pepper og salt.

For å sette sammen, del opp potetene og tilsett hummus, yoghurt, artisjokkhjerter, oliven, rød paprika, tomater og salami.

Næring (per 100 g):731 Kalorier 48 g Fett 10 g Karbohydrater 26 g Protein 632 mg Natrium

Mini kylling shawarma

Forberedelsestid: 10 minutter.

På tide å lage mat: 1 time og 15 minutter

Porsjoner: 8

Vanskelighetsgrad: Lett

Ingredienser:

- <u>Kyllingen:</u>
- Kyllingfileter (1 pund)
- Olivenolje (0,25 kopper)
- Sitron - skall og juice (1)
- Spisskummen (1 teskje)
- Hvitløkspulver (2 ts)
- Røkt paprika (0,5 ts)
- Koriander (0,75 teskjeer)
- Nykvernet sort pepper (1 ts)
- <u>Sausen:</u>
- gresk yoghurt (1,25 kopper)
- Sitronsaft (1 spiseskje)
- Revet hvitløksfedd (1)
- Nyhakket dill (2 ss)
- Svart pepper (0,125 teskjeer / etter smak)
- Kosher salt (etter smak)
- Hakket fersk persille (0,25 kopp)
- Rødløk (halvparten av 1)

- Romainesalat (4 blader)
- Engelsk agurk (halvparten av 1)
- tomater (2)
- Mini pitabrød (16)

Adresser:

Bland kylling i en zip-lock-pose. Visp sammen kyllingpyntet og legg det i posen for å marinere i opptil en time.

Tilbered sausen ved å kombinere juice, hvitløk og yoghurt i en miksebolle. Tilsett dill, persille, pepper og salt. Sett i kjøleskapet.

Varm en stekepanne over middels varme. Overfør kyllingen fra marinaden (la overflødig renne av).

Stek til de er gjennomstekt eller omtrent fire minutter på hver side. Skjær den i passelige strimler.

Finhakk agurk og løk. Strimle salaten og hakk tomatene. Sett sammen og legg til pitaene: kylling, salat, løk, tomat og agurk.

Næring (per 100 g):216 Kalorier 16 g Fett 9 g Karbohydrater 9 g Protein 745 mg Natrium

aubergine pizza

Forberedelsestid: 10 minutter.

På tide å lage mat: 30 minutter

Porsjoner: 6

Vanskelighetsgrad: gjennomsnittlig

Ingredienser:

- Auberginer (1 stor eller 2 mellomstore)
- Olivenolje (0,33 kopper)
- svart pepper og salt (etter smak)
- Marinara saus - kjøpt i butikken/hjemmelaget (1,25 kopper)
- Revet mozzarellaost (1,5 kopper)
- cherrytomater (2 kopper, kuttet i to)
- Revet basilikumblader (0,5 kopp)

Adresser:

Forvarm ovnen til 400 ° Fahrenheit. Klargjør stekebrettet med et lag bakepapir.

Skjær endene av aubergine og skjær i ¾-tommers skiver. Ordne skivene på det forberedte arket og pensle begge sider med olivenolje. Dryss over pepper og salt etter eget ønske.

Grill aubergine til de er møre (10 til 12 min.).

Overfør til bakepapir og tilsett to spiseskjeer saus på toppen av hver del. Avslutt med mozzarella og tre til fem tomatbiter på toppen.

Stek til osten smelter. Tomatene skal begynne å bli blemme etter omtrent fem til syv minutter til.

Ta brettet ut av ovnen. Server og dekorer basilikumen.

Næring (per 100 g):257 Kalorier 20 g Fett 11 g Karbohydrater 8 g Protein 789 mg Natrium

Middelhavet fullkornspizza

Forberedelsestid: 10 minutter.

På tide å lage mat: 25 minutter

Porsjoner: 4

Vanskelighetsgrad: Lett

Ingredienser:

- Fullkorns pizzaskorpe (1)
- Basilikumpesto (4 oz. krukke)
- Artisjokkhjerter (0,5 kopp)
- Kalamata oliven (2 ss)
- Pepperoncini (2 ss drenert)
- Fetaost (0,25 kopp)

Adresser:

Sett ovnen til 450 ° Fahrenheit.

Hell av og smuldre artisjokkene. Skjær/hakk pepperoncini og oliven.

Legg pizzadeigen på en melet arbeidsflate og topp med pesto. Legg artisjokken, pepperoncini-skivene og oliven på toppen av pizzaen. Smuldre til slutt og tilsett fetaosten.

Stek i 10-12 minutter. Delta.

Næring (per 100 g):277 Kalorier 18,6 g Fett 8 g Karbohydrater 9,7 g Protein 841 mg Natrium

Bakt spinat og feta pita

Forberedelsestid: 5 minutter.

På tide å lage mat: 22 minutter

Porsjoner: 6

Vanskelighetsgrad: Vanskelig

Ingredienser:

- Soltørket tomatpesto (6 oz boks)

- Roma - plommetomater (2 hakkede)

- Hel hvete pitabrød (seks 6-tommers)

- Spinat (1 haug)

- Sopp (4 skiver)

- revet parmesanost (2 ss)

- smuldret fetaost (0,5 kopp)

- Olivenolje (3 ss)

- Svart pepper (etter smak)

Adresser:

Sett ovnen til 350 ° Fahrenheit.

Pensle pestoen på den ene siden av hver pita og legg dem på en bakeplate (pestosiden opp).

Skyll og hakk spinaten. Topp pitaene med spinat, sopp, tomater, fetaost, pepper, parmesanost, pepper og en klatt olje.

Stek i varm ovn til pitabrødet er sprøtt (12 min.). Skjær pitaene i fire.

Næring (per 100 g):350 Kalorier 17,1 g Fett 9 g Karbohydrater 11,6 g Protein 712 mg Natrium

Vannmelonpizza med feta og balsamico

Forberedelsestid: 10 minutter.

På tide å lage mat: 15 minutter

Porsjoner: 4

Vanskelighetsgrad: Lett

Ingredienser:

- Vannmelon (1-tommers tykk fra midten)
- smuldret fetaost (1 oz.)
- Skivede Kalamata-oliven (5-6)
- Mynteblader (1 ts)
- Balsamicoglasur (0,5 ss)

Adresser:

Skjær den bredeste delen av vannmelonen i to. Skjær deretter hver halvdel i fire kiler.

Server på en rund pai som en pizza og topp med oliven, ost, mynteblader og frosting.

Næring (per 100 g):90 kalorier 3 g fett 4 g karbohydrater 2 g protein 761 mg natrium

Blandede krydderburgere

Forberedelsestid: 10 minutter.

På tide å lage mat: 30 minutter

Porsjoner: 6

Vanskelighetsgrad: gjennomsnittlig

Ingredienser:

- Middels løk (1)
- fersk persille (3 ss)
- Hvitløksfedd (1)
- Malt allehånde (0,75 ts)
- Pepper (0,75 teskjeer)
- Malt muskatnøtt (0,25 ts)
- Kanel (0,5 teskjeer)
- Salt (0,5 ts)
- fersk mynte (2 ss)
- 90 % magert kjøttdeig (1,5 lbs.)
- Valgfritt: kald tzatzikisaus

Adresser:

Finhakk persille, mynte, hvitløk og løk.

Visp sammen muskatnøtt, salt, kanel, pepper, allehånde, hvitløk, mynte, persille og løk.

Tilsett kjøtt og lag seks (6) 2x4-tommers avlange kjøttkaker.

Bruk middels varmeinnstillingen til å grille burgerne eller grill fire tommer fra varmen i 6 minutter per side.

Når de er ferdige, vil kjøtttermometeret registrere 160° Fahrenheit. Server med sausen om ønskelig.

Næring (per 100 g):231 Kalorier 9 g Fett 10 g Karbohydrater 32 g Protein 811 mg Natrium

Prosciutto - Salat - Tomat- og avokadosmørbrød

Forberedelsestid: 10 minutter.

På tide å lage mat: 10 minutter

Porsjoner: 4

Vanskelighetsgrad: Lett

Ingredienser:

- Prosciutto (2 oz./8 tynne skiver)
- Moden avokado (1 delt i to)
- Romainesalat (4 hele blader)
- Stor moden tomat (1)
- Hele hvete- eller hele hvetebrødskiver (8)
- Svart pepper og kosher salt (0,25 teskjeer)

Adresser:

Skjær salatbladene i åtte biter (totalt). Skjær tomaten i åtte skiver. Rist brødet og legg det på en tallerken.

Skrap avokadokjøttet ut av skinnet og legg i en miksebolle. Dryss lett med pepper og salt. Pisk eller mos avokadoen forsiktig til den er kremaktig. Fordel over brødet.

Lag et smørbrød. Ta en skive avokadotoast; topp med et salatblad, en skive prosciutto og en skive tomat. Topp med en annen skive tomatsalat og fortsett.

Gjenta prosessen til alle ingrediensene er brukt opp.

Næring (per 100 g):240 Kalorier 9 g Fett 8 g Karbohydrater 12 g Protein 811 mg Natrium

Spinatpai

Forberedelsestid: 10 minutter.

På tide å lage mat: 60 minutter

Porsjoner: 6

Vanskelighetsgrad: gjennomsnittlig

Ingredienser:

- smeltet smør (0,5 kopp)
- Frossen spinat (10 oz. pk.)
- Fersk persille (0,5 kopp)
- Grønn løk (0,5 kopp)
- Fersk dill (0,5 kopp)
- smuldret fetaost (0,5 kopp)
- kremost (4 oz.)
- Cottage cheese (4 oz.)
- Parmesan (2 ss - revet)
- Store egg (2)
- pepper og salt etter smak)
- Filodeig (40 ark)

Adresser:

Forvarm ovnen til 350 ° Fahrenheit.

Hakk løk, dill og persille. Tin spinat og deigplater. Tørk spinaten ved å klemme den.

Kombiner spinat, gressløk, egg, ost, persille, dill, pepper og salt i en blender til en jevn masse.

Forbered de små filotrekantene ved å fylle dem med en teskje av spinatblandingen.

Pensle lett utsiden av trekantene med smør og legg sømsiden ned på en usmurt bakeplate.

Sett i varm ovn for å bake til de er gyldenbrune og oppblåste (20-25 min.). Server rykende varm.

Næring (per 100 g):555 Kalorier 21,3 g Fett 15 g Karbohydrater 18,1 g Protein 681 mg Natrium

Feta kyllingburgere

Forberedelsestid: 10 minutter.

På tide å lage mat: 30 minutter

Porsjoner: 6

Vanskelighetsgrad: gjennomsnittlig

Ingredienser:

- ¼ kopp fettfattig majones
- ¼ kopp finhakket agurk
- ¼ teskje svart pepper
- 1 ts hvitløkspulver
- ½ kopp stekt søt rød pepper, hakket
- ½ ts gresk krydder
- 1,5 pund mager malt kylling
- 1 kopp smuldret fetaost
- 6 hele hvete burgerboller

Adresser:

Forvarm stekekyllingen på forhånd. Bland majones og agurk. Sette til side.

Kombiner hvert av krydderne og rød paprika til patties. Bland kyllingen og osten godt. Form blandingen til 6 ½-tommers tykke bøffer.

Stek burgerne på en broiler og plasser dem omtrent fire centimeter fra varmekilden. Kok til termometeret når 165 ° Fahrenheit.

Server med rundstykker og agurksaus. Pynt med tomat og salat om ønskelig og server.

Næring (per 100g):356 Kalorier 14 g Fett 10 g Karbohydrater 31 g Protein 691 mg Natrium

Stekt svinekjøtt til taco

Forberedelsestid: 10 minutter.

På tide å lage mat: 1 time og 15 minutter

Porsjoner: 6

Vanskelighetsgrad: gjennomsnittlig

Ingredienser:

- Stekt svinekjøttskulder (4 lbs.)
- Grønn chili i terninger (2 4 oz bokser)
- Chilipulver (0,25 kopp)
- tørket oregano (1 ts)
- Tacokrydder (1 ts)
- Hvitløk (2 ts)
- Salt (1,5 ts eller etter smak)

Adresser:

Sett ovnen til å nå 300 ° Fahrenheit.

Legg steken på toppen av et stort ark med aluminiumsfolie.

Tøm chilien. Hakk hvitløken.

Bland grønn chili, tacokrydder, chilipulver, oregano og hvitløk. Gni blandingen over steken og dekk med et lag aluminiumsfolie.

Plasser det innpakkede svinekjøttet på en rist på et kakepapir for å fange opp eventuell lekkasje.

Stek den i 3,5 til 4 timer i den varme ovnen til den faller fra hverandre. Stek til midten når minst 145 ° Fahrenheit når den testes med et kjøtttermometer (innvendig temperatur).

Overfør steken til en hakkeblokk for å rive den i små biter med to gafler. Krydre etter ønske.

Næring (per 100 g):290 Kalorier 17,6 g Fett 12 g Karbohydrater 25,3 g Protein 471 mg Natrium

Italiensk eplepai - Olivenolje

Forberedelsestid: 10 minutter.

På tide å lage mat: 1 time 10 minutter

Porsjoner: 12

Vanskelighetsgrad: gjennomsnittlig

Ingredienser:

- Gala-epler (2 store)
- Appelsinjuice - for å bløtlegge epler
- Alle formål mel (3 kopper)
- Malt kanel (0,5 teskjeer)
- Muskat (0,5 ts)
- Bakepulver (1 ts)
- Natron (1 ts)
- Sukker (1 kopp)
- Olivenolje (1 kopp)
- Store egg (2)
- Gylne rosiner (0,66 kopp)
- Konditorsukker - til støvtørking
- Også nødvendig: 9-tommers stekepanne

Adresser:

Skrell og finhakk eplene. Drypp epler med akkurat nok appelsinjuice for å unngå bruning.

Bløtlegg rosinene i lunkent vann i 15 minutter og renne godt av.

Sikt sammen natron, mel, bakepulver, kanel og muskatnøtt. Sett det til side for nå.

Hell olivenolje og sukker i bollen til en stavmikser. Bland på lavt nivå i 2 minutter eller til det er godt blandet.

Bland mens du kjører, knekk eggene ett om gangen, og fortsett å blande i 2 minutter. Blandingen bør øke i volum; den skal være tykk, ikke rennende.

Kombiner alle ingrediensene godt. Lag et hull i midten av melblandingen og tilsett oliven- og sukkerblandingen.

Fjern overflødig juice fra eplene og renn av rosinene som har ligget i bløt. Tilsett dem sammen med deigen, bland godt.

Forbered bakeplaten med bakepapir. Hell røren inn i gryten og jevn med baksiden av en tresleiv.

Stek i 45 minutter ved 350 ° Fahrenheit.

Når den er ferdig, fjerner du kaken fra bakepapiret og legger den på et serveringsfat. Dryss over melis. Varm mørk honning for å pynte toppen.

Næring (per 100 g):294 Kalorier 11 g Fett 9 g Karbohydrater 5,3 g Protein 691 mg Natrium

Rask tilapia med lilla løk og avokado

Forberedelsestid: 10 minutter.

På tide å lage mat: 5 minutter

Porsjoner: 4

Vanskelighetsgrad: gjennomsnittlig

Ingredienser:

- 1 ss ekstra virgin olivenolje
- 1 ss ferskpresset appelsinjuice
- ¼ teskje sjø- eller koshersalt
- 4 (4-unse) tilapiafileter, lengre enn firkantede, med eller uten skinn
- ¼ kopp hakket rødløk
- 1 avokado

Adresser:

Kombiner oljen, appelsinjuice og salt i en 9-tommers glasspaiplate. Arbeid inn i fileten samtidig, legg hver i paiformen og belegg på alle sider. Form filetene til en vognhjulformasjon. Topp hver filet med 1 ss av løken, brett deretter enden av fileten som henger over kanten i to over løken. Når dette er gjort, skal du ha 4 brettede biffer med bretten mot ytterkanten av fatet og endene i midten.

Pakk fatet med plast, la en liten del være åpen i kanten for å lufte ut dampen. Stek på høy varme i ca 3 minutter i mikrobølgeovnen. Når den er ferdig, skal den skilles i flak (biter) når den trykkes forsiktig med en gaffel. Pynt filetene med avokadoen og server.

Næring (per 100 g):200 kalorier 3 g fett 4 g karbohydrater 22 g protein 811 mg natrium

Grillet fisk med sitroner

Forberedelsestid: 10 minutter.

På tide å lage mat: 10 minutter

Porsjoner: 4

Vanskelighetsgrad: Vanskelig

Ingredienser:

- 4 (4 unse) fiskefileter
- Nonstick matlagingsspray
- 3 til 4 mellomstore sitroner
- 1 ss ekstra virgin olivenolje
- ¼ ts nykvernet sort pepper
- ¼ teskje sjø- eller koshersalt

Adresser:

Tørk filetene med tørkepapir og la dem stå i romtemperatur i 10 minutter. I mellomtiden, belegg den kjølige grillristen med nonstick-spray og forvarm grillen til 400 °F, eller middels høy varme.

Skjær en sitron i to og reserver halvparten. Skjær den resterende halvdelen av sitronen og de resterende sitronene i ¼-tommers tykke skiver. (Du bør ha mellom 12 og 16 sitronskiver.) I en liten bolle, klem 1 ss juice fra den reserverte sitronhalvdelen.

Tilsett oljen i bollen med sitronsaften og bland godt. Dekk begge sider av fisken med oljeblandingen og dryss jevnt med pepper og salt.

Legg sitronskivene forsiktig på grillen (eller i pannen), legg 3 til 4 skiver i form av en fiskefilet, og gjenta med de resterende skivene. Legg fiskefiletene direkte på sitronbåtene og grill med lukket lokk. (Hvis du griller på komfyren, dekk til med et stort grytelokk eller aluminiumsfolie.) Snu fisken halvveis i steketiden bare hvis filetene er mer enn en halv tomme tykke. Den er tilberedt når den begynner å skille seg i flak når den trykkes forsiktig med en gaffel.

Næring (per 100 g):147 Kalorier 5 g Fett 1 g Karbohydrater 22 g Protein 917 mg Natrium

Ukedag Skillet Fish Middag

Forberedelsestid: 10 minutter.

På tide å lage mat: 10 minutter

Porsjoner: 4

Vanskelighetsgrad: gjennomsnittlig

Ingredienser:

- Nonstick matlagingsspray
- 2 ss ekstra virgin olivenolje
- 1 ss balsamicoeddik
- 4 (4 unse) fiskefileter (½ tomme tykke)
- 2½ kopper grønne bønner
- 1 halvliter kirsebær- eller druetomater

Adresser:

Forvarm ovnen til 400 ° F. Pensle to store bakeplater med kanter med nonstick-spray. Kombiner olje og eddik i en liten bolle. Sette til side. Legg to stykker fisk på hver bakeplate.

Kombiner bønnene og tomatene i en stor bolle. Hell i olje og eddik og vend forsiktig for å dekke. Hell halvparten av den grønne bønneblandingen over fisken på den ene stekeplate og den resterende halvparten over fisken på den andre. Snu fisken og gni den med oljeblandingen for å belegge den. Legg grønnsakene jevnt på bakeplatene slik at varmluft kan sirkulere rundt dem.

Stek til fisken er ugjennomsiktig. Den er tilberedt når den akkurat begynner å skille seg i biter når den er forsiktig gjennomhullet med en gaffel.

Næring (per 100 g): 193 Kalorier 8 g Fett 3 g Karbohydrater 23 g Protein 811 mg Natrium

Sprø polenta fiskepinner

Forberedelsestid: 10 minutter.

På tide å lage mat: 15 minutter

Porsjoner: 4

Vanskelighetsgrad: Vanskelig

Ingredienser:

- 2 store egg, lett pisket
- 1 spiseskje 2% melk
- 1 pund skinnfri fiskefilet kuttet i 20 strimler (1 tomme brede)
- ½ kopp gult maismel
- ½ kopp hel hvete panko brødsmuler
- ¼ teskje røkt paprika
- ¼ teskje sjø- eller koshersalt
- ¼ ts nykvernet sort pepper
- Nonstick matlagingsspray

Adresser:

Sett et bakepapir med stor kant i ovnen. Forvarm ovnen til 400 ° F med pannen inni. I en stor bolle kombinerer du egg og melk. Tilsett fiskestrimlene i eggedosisen med en gaffel og bland forsiktig til belegget.

Legg maismel, brødsmuler, røkt paprika, salt og pepper i en gjenlukkbar plastpose på størrelse med kvarts. Bruk en gaffel eller tang til å overføre fisken til posen, og la overflødig egg renne av i beholderen før den overføres. Lukk godt og rist forsiktig for å dekke hver fiskepinne helt.

Ha på ovnsvotter, fjern forsiktig den varme stekeplaten fra ovnen og spray den med nonstick-spray. Bruk en gaffel eller tang, fjern fiskefingrene fra posen og legg dem på den varme stekeplate, med et mellomrom mellom dem slik at varm luft kan sirkulere og sprø dem. Stek i 5 til 8 minutter, til lett trykk med en gaffel får fisken til å flake, og server.

Næring (per 100 g):256 kalorier 6 g fett 2 g karbohydrater 29 g protein 667 mg natrium

Skillet laksemiddag

Forberedelsestid: 15 minutter.

På tide å lage mat: 15 minutter

Porsjoner: 4

Vanskelighetsgrad: gjennomsnittlig

Ingredienser:

- 1 ss ekstra virgin olivenolje
- 2 hakkede hvitløksfedd
- 1 ts røkt paprika
- 1 halvliter kirsebær- eller druetomater, delt i kvarte
- 1 krukke (12 unser) stekt rød paprika
- 1 spiseskje vann
- ¼ ts nykvernet sort pepper
- ¼ teskje sjø- eller koshersalt
- 1 pund laksefileter, uten skinn, kuttet i 8 stykker
- 1 ss ferskpresset sitronsaft (fra ½ middels sitron)

Adresser:

Kok oljen på middels varme i en panne. Bland inn hvitløk og røkt paprika og stek i 1 minutt, rør ofte. Tilsett tomater, stekt paprika, vann, sort pepper og salt. Sett varmen til middels høy, la det småkoke og kok i 3 minutter, mos tomatene til slutten av koketiden.

Legg laksen i pannen og hell litt av sausen over toppen. Dekk til og stek i 10 til 12 minutter (145 °F med et kjøtttermometer) og det begynner å flake.

Ta kjelen av varmen og dryss sitronsaft over fisken. Rør inn sausen, og skjær deretter laksen i biter. Delta.

Næring (per 100 g):289 Kalorier 13 g Fett 2 g Karbohydrater 31 g Protein 581 mg Natrium

Toskanske tunfisk- og zucchiniburgere

Forberedelsestid: 10 minutter.

På tide å lage mat: 30 minutter

Porsjoner: 4

Vanskelighetsgrad: gjennomsnittlig

Ingredienser:

- 3 skiver ristet smørbrød med full hvete
- 2 (5-unse) bokser tunfisk i olivenolje
- 1 kopp revet zucchini
- 1 stort egg, lett pisket
- ¼ kopp rød paprika i terninger
- 1 ss tørket oregano
- 1 ts sitronskall
- ¼ ts nykvernet sort pepper
- ¼ teskje sjø- eller koshersalt
- 1 ss ekstra virgin olivenolje
- Bladsalatgrønt eller 4 fullkornsruller, til servering (valgfritt)

Adresser:

Smuldre ristet brød til brødsmuler med fingrene (eller bruk en kniv til å skjære i ¼-tommers terninger) til du har 1 kopp løse smuler. Hell smulene i en stor bolle. Tilsett tunfisk, zucchini, egg, paprika, oregano, sitronskall, sort pepper og salt. Bland godt med en gaffel. Del blandingen mellom fire patties (½ kopp størrelse). Legg på en tallerken og trykk hver patty til ca ¾-tommers tykk.

165

Kok oljen i en panne på middels høy varme. Tilsett burgerne i den varme oljen, og skru deretter ned varmen til middels. Stek burgerne i 5 minutter, snu dem med en slikkepott og stek i ytterligere 5 minutter. Nyt den som den er eller server den på grønne salater eller fullkornsmuffins.

Næring (per 100 g):191 Kalorier 10 g Fett 2 g Karbohydrater 15 g Protein 661 mg Natrium

Tunfisk og siciliansk grønnkålskål

Forberedelsestid: 15 minutter.

På tide å lage mat: 15 minutter

Porsjoner: 6

Vanskelighetsgrad: gjennomsnittlig

Ingredienser:

- 1 pund grønnkål
- 3 ss ekstra virgin olivenolje
- 1 kopp hakket løk
- 3 fedd hvitløk, finhakket
- 1 boks (2,25 unser) skivede oliven, drenert
- ¼ kopp kapers
- ¼ ts rød paprika
- 2 ts sukker
- 2 (6 unse) bokser tunfisk i olivenolje
- 1 boks (15 gram) cannellinibønner
- ¼ teskje malt svart pepper
- ¼ teskje sjø- eller koshersalt

Adresser:

Kok opp tre fjerdedeler vann i en kjele. Tilsett grønnkålen og kok i 2 minutter. Sil grønnkålen gjennom et dørslag og sett til side.

Sett den tomme kjelen tilbake på komfyren på middels varme og tilsett oljen. Tilsett løken og stek i 4 minutter under konstant

167

omrøring. Tilsett hvitløken og stek i 1 minutt. Legg oliven, kapers og knust rød pepper og stek i 1 minutt. Til slutt tilsett delvis kokt grønnkål og sukker, rør til grønnkålen er helt dekket av olje. Lukk kjelen og kok i 8 minutter.

Ta grønnkålen av varmen, tilsett tunfisk, bønner, pepper og salt og server.

Næring (per 100 g):265 Kalorier 12 g Fett 7 g Karbohydrater 16 g Protein 715 mg Natrium

Middelhavs torskegryte

Forberedelsestid: 10 minutter.

På tide å lage mat: 20 minutter

Porsjoner: 6

Vanskelighetsgrad: gjennomsnittlig

Ingredienser:

- 2 ss ekstra virgin olivenolje
- 2 kopper hakket løk
- 2 hakkede hvitløksfedd
- ¾ teskje røkt paprika
- 1 boks (14,5 gram) tomater i terninger, udrenerte
- 1 krukke (12 unser) stekt rød paprika
- 1 kopp skivede oliven, grønn eller svart
- 1/3 kopp tørr rødvin
- ¼ ts nykvernet sort pepper
- ¼ teskje sjø- eller koshersalt
- 1½ pund torskefileter, kuttet i 1-tommers biter
- 3 kopper skiver sopp

Adresser:

Kok oljen i en kjele. Tilsett løken og stek i 4 minutter, rør av og til.

Tilsett hvitløk og røkt paprika og stek i 1 minutt, rør ofte.

Bland tomatene med juice, stekt paprika, oliven, vin, pepper og salt, og hev varmen til middels høy. Kok opp Tilsett torsk og sopp og reduser varmen til middels.

Stek i ca 10 minutter, rør av og til, til torsken er gjennomstekt og flakser seg lett, og server.

Næring (per 100 g):220 Kalorier 8 g Fett 3 g Karbohydrater 28 g Protein 583 mg Natrium

Dampet blåskjell i hvitvinsaus

Forberedelsestid: 5 minutter.

På tide å lage mat: 10 minutter

Porsjoner: 4

Vanskelighetsgrad: Vanskelig

Ingredienser:

- 2 pund med små blåskjell
- 1 ss ekstra virgin olivenolje
- 1 kopp rødløk i tynne skiver
- 3 fedd hvitløk, i skiver
- 1 kopp tørr hvitvin
- 2 sitronskiver (¼-tommers tykke)
- ¼ ts nykvernet sort pepper
- ¼ teskje sjø- eller koshersalt
- Friske sitronbåter, til servering (valgfritt)

Adresser:

Ha kaldt vann over blåskjellene i en stor sil i vasken (men ikke la blåskjellene sitte i stående vann). Alle skjell må være tett lukket; kast ethvert skall som er litt åpent eller ethvert skall som er sprukket. La blåskjellene ligge i silen til du skal bruke dem.

Kok oljen i en stor panne. Tilsett løken og stek i 4 minutter, rør av og til. Tilsett hvitløken og stek i 1 minutt under konstant omrøring.

Tilsett vin, sitronbåter, pepper og salt og la det småkoke. Kok i 2 minutter.

Tilsett blåskjellene og dekk til. Kok til blåskjellene åpner skallet. Rist pannen forsiktig to eller tre ganger mens de koker.

Alle skjell skal nå være vidåpne. Bruk en hullsleiv og kast eventuelle blåskjell som fortsatt er lukket. Legg de åpne blåskjellene i en grunn serveringsbolle og hell buljongen over toppen. Server med ekstra ferske sitronbåter, om ønskelig.

Næring (per 100 g):222 Kalorier 7 g Fett 1 g Karbohydrater 18 g Protein 708 mg Natrium

Appelsin og hvitløksreker

Forberedelsestid: 20 minutter.

På tide å lage mat: 10 minutter

Porsjoner: 6

Vanskelighetsgrad: Vanskelig

Ingredienser:

- 1 stor appelsin
- 3 ss extra virgin olivenolje, delt
- 1 ss hakket fersk rosmarin
- 1 ss hakket fersk timian
- 3 fedd hvitløk, hakket (ca. 1½ ts)
- ¼ ts nykvernet sort pepper
- ¼ teskje sjø- eller koshersalt
- 1½ pund ferske rå reker, skall og hale fjernet

Adresser:

Riv hele appelsinen med et sitrus rivjern. Bland appelsinskallet og 2 ss olje med rosmarin, timian, hvitløk, pepper og salt. Tilsett rekene, forsegl posen og masser forsiktig rekene til alle ingrediensene er kombinert og rekene er fullstendig belagt med krydder. Sette til side.

Varm en grill, grillpanne eller stor stekepanne over middels varme. Pensle eller rist på de resterende 1 ss olje. Tilsett halvparten av rekene og stek i 4 til 6 minutter, eller til rekene er rosa og hvite, snu halvveis hvis de er på grillen eller rør hvert minutt hvis de er i en stekepanne. Overfør reker til en stor serveringsbolle. Gjenta og legg dem i bollen.

Mens rekene koker, skrell appelsinen og skjær fruktkjøttet i små biter. Legg i serveringsbollen og bland med de kokte rekene. Server umiddelbart eller avkjøl og server kaldt.

Næring (per 100 g):190 Kalorier 8 g Fett 1 g Karbohydrater 24 g Protein 647 mg Natrium

Gnocchi og stekte reker bake

Forberedelsestid: 10 minutter.

På tide å lage mat: 20 minutter

Porsjoner: 4

Vanskelighetsgrad: gjennomsnittlig

Ingredienser:

- 1 kopp hakket fersk tomat
- 2 ss ekstra virgin olivenolje
- 2 hakkede hvitløksfedd
- ½ ts nykvernet sort pepper
- ¼ ts knust rød pepper
- 1 krukke (12 unser) stekt rød paprika
- 1 pund ferske rå reker, skall og hale fjernet
- 1 pund frossen gnocchi (ikke tint)
- ½ kopp fetaost i terninger
- 1/3 kopp hakkede friske basilikumblader

Adresser:

Forvarm ovnen til 425 ° F. Kombiner tomater, olje, hvitløk, sort pepper og knust rød pepper i en bakebolle. Stek i ovnen i 10 minutter.

Tilsett stekt paprika og reker. Grill i 10 minutter til, til rekene blir rosa og hvite.

Mens rekene koker koker du gnocchiene på komfyren i henhold til pakkens anvisninger. Hell av i et dørslag og hold varmt. Ta fatet ut av ovnen. Bland sammen kokt gnocchi, fetaost og basilikum og server.

Næring (per 100 g):277 Kalorier 7 g Fett 1 g Karbohydrater 20 g Protein 711 mg Natrium

Krydret reker Puttanesca

Forberedelsestid: 5 minutter.

På tide å lage mat: 15 minutter

Porsjoner: 4

Vanskelighetsgrad: gjennomsnittlig

Ingredienser:

- 2 ss ekstra virgin olivenolje
- 3 ansjosfileter, avrent og hakket
- 3 fedd hvitløk, finhakket
- ½ ts knust rød pepper
- 1 (14,5 unse) boks tomater i terninger med lite natrium eller uten salt, udrenerte
- 1 boks (2,25 gram) svarte oliven
- 2 ss kapers
- 1 ss hakket fersk oregano
- 1 pund ferske rå reker, skall og hale fjernet

Adresser:

Kok oljen på middels varme. Tilsett ansjos, hvitløk og knust rød pepper. Kok i 3 minutter, rør ofte og mos ansjosene med en tresleiv, til de har smeltet i oljen.

Tilsett tomatene med juice, oliven, kapers og oregano. Øk varmen til middels høy og la det småkoke.

Når sausen er litt boblende, tilsett rekene. Velg varme til middels og kok reker til de er rosa og hvite og server deretter.

Næring (per 100 g):214 Kalorier 10 g Fett 2 g Karbohydrater 26 g Protein 591 mg Natrium

Italienske tunfisksmørbrød

Forberedelsestid: 10 minutter.

På tide å lage mat: 0 minutter

Porsjoner: 4

Vanskelighetsgrad: Lett

Ingredienser:

- 3 ss ferskpresset sitronsaft
- 2 ss ekstra virgin olivenolje
- 1 finhakket hvitløksfedd
- ½ ts nykvernet sort pepper
- 2 (5 unse) bokser tunfisk, drenert
- 1 boks (2,25 unser) skivede oliven
- ½ kopp hakket fersk fennikel, inkludert bladene
- 8 skiver grovt brød med grove hvete

Adresser:

Kombiner sitronsaft, olje, hvitløk og pepper. Tilsett tunfisk, oliven og fennikel. Med en gaffel, del opp tunfisken i biter og bland for å kombinere alle ingrediensene.

Fordel tunfisksalaten jevnt mellom 4 brødskiver. Topp hver med de resterende brødskivene. La smørbrødene hvile i minst 5 minutter for å la det krydrede fyllet trekke inn i brødet før servering.

Næring (per 100 g):347 Kalorier 17 g Fett 5 g Karbohydrater 25 g Protein 447 mg Natrium

Laks og dill salat wraps

Forberedelsestid: 10 minutter.

På tide å lage mat: 10 minutter

Porsjoner: 6

Vanskelighetsgrad: Lett

Ingredienser:

- 1 pund laksefilet, kokt og i flak
- ½ kopp hakkede gulrøtter
- ½ kopp selleri i terninger
- 3 ss hakket fersk dill
- 3 ss hakket rødløk
- 2 ss kapers
- 1½ ss ekstra virgin olivenolje
- 1 ss gammel balsamicoeddik
- ½ ts nykvernet sort pepper
- ¼ teskje sjø- eller koshersalt
- 4 hele hvete flatbrød wraps eller myke fullkorn tortillas

Adresser:

Kombiner laks, gulrøtter, selleri, dill, rødløk, kapers, olje, eddik, pepper og salt. Fordel laksesalaten mellom flatbrødene. Brett bunnen av flatbrødet over, rull deretter opp omslaget og server.

Næring (per 100 g):336 Kalorier 16 g Fett 5 g Karbohydrater 32 g Protein 884 mg Natrium

White Clam Pizza Pai

Forberedelsestid: 10 minutter.

På tide å lage mat: 20 minutter

Porsjoner: 4

Vanskelighetsgrad: Vanskelig

Ingredienser:

- 1 pund fersk nedkjølt pizzadeig
- Nonstick matlagingsspray
- 2 ss ekstra virgin olivenolje, delt
- 2 fedd hvitløk, hakket (ca. 1 ts)
- ½ ts knust rød pepper
- 1 (10 unse) boks hele babymuslinger, drenert
- ¼ kopp tørr hvitvin
- All-purpose mel, til støvtørking
- 1 kopp mozzarellaost i terninger
- 1 ss revet Pecorino Romano eller parmesanost
- 1 ss hakket fersk flatblad (italiensk) persille

Adresser:

Forvarm ovnen til 500 ° F. Pensle en stor bakeplate med bakepapir med nonstick-spray.

Kok 1½ ss olje i en stor panne. Tilsett hvitløk og knust rød pepper og stek i 1 minutt, rør ofte for å unngå at hvitløken brenner seg. Tilsett reservert muslingjuice og vin. Kok opp på høy varme.

Reduser varmen til middels slik at sausen småkoker og kok i 10 minutter, rør av og til. Sausen vil koke og tykne.

Tilsett muslingene og kok i 3 minutter, rør av og til. Mens sausen koker, på en lett melet overflate, form pizzadeigen til en 12-tommers sirkel eller 10-x-12-tommers rektangel med en kjevle eller ved å kjevle den ut med hendene. Legg deigen på den tilberedte bakeplaten. Smør deigen med den resterende ½ ss olje. Behold til muslingsausen er klar.

Fordel muslingsaus over tilberedt deig til ½ tomme fra kanten. Topp med mozzarellaost, og dryss deretter over Pecorino Romano.

Stek i 10 minutter. Ta pizzaen ut av ovnen og legg den på et skjærebrett av tre. Topp med persillen, kutt i åtte biter med en pizzakutter eller skarp kniv, og server.

Næring (per 100 g):541 Kalorier 21 g Fett 1 g Karbohydrater 32 g Protein 688 mg Natrium

Bakt bønne fiskemåltid

Forberedelsestid: 10 minutter.

På tide å lage mat: 10 minutter

Porsjoner: 4

Vanskelighetsgrad: Lett

Ingredienser:

- 1 ss balsamicoeddik
- 2 ½ kopper grønne bønner
- 1 halvliter kirsebær- eller druetomater
- 4 (4 unser hver) fiskefileter, for eksempel torsk eller tilapia
- 2 ss olivenolje

Adresser:

Forvarm en ovn til 400 grader. Smør to stekeplater med litt olivenolje eller olivenoljespray. Legg 2 fiskefileter på hvert ark. I en bolle, hell olivenolje og eddik. Bland for å blande godt med hverandre.

Bland grønne bønner og tomater. Bland for å blande godt med hverandre. Kombiner begge blandingene godt med hverandre. Tilsett blandingen likt over fiskefiletene. Stek i 6-8 minutter, til fisken er ugjennomsiktig og lett å flake. Serveres varm.

Næring (per 100 g):229 Kalorier 13 g Fett 8 g Karbohydrater 2,5 g Protein 559 mg Natrium

Torskegryte med sopp

Forberedelsestid: 10 minutter.

På tide å lage mat: 20 minutter

Porsjoner: 6

Vanskelighetsgrad: Lett

Ingredienser:

- 2 ss ekstra virgin olivenolje
- 2 hakkede hvitløksfedd
- 1 boks tomat
- 2 kopper hakket løk
- ¾ teskje røkt paprika
- en krukke (12 gram) stekt rød paprika
- 1/3 kopp tørr rødvin
- ¼ teskje sjø- eller koshersalt
- ¼ teskje svart pepper
- 1 kopp svarte oliven
- 1 ½ pund torskefileter, kuttet i 1-tommers biter
- 3 kopper skiver sopp

Adresser:

Få en middels stor gryte, varm oljen over middels varme. Tilsett løken og stek under omrøring i 4 minutter. Tilsett hvitløk og røkt paprika; kok 1 minutt, rør ofte. Tilsett tomater med juice, stekt paprika, oliven, vin, pepper og salt; rør forsiktig. Kok blandingen.

Tilsett torsk og sopp; senk varmen til middels. Lukk og kok til torsken er lett å flake, rør i mellom. Serveres varm.

Næring (per 100 g):238 Kalorier 7 g Fett 15 g Karbohydrater 3,5 g Protein 772 mg Natrium

Krydret sverdfisk

Forberedelsestid: 10 minutter.

På tide å lage mat: 15 minutter

Porsjoner: 4

Vanskelighetsgrad: gjennomsnittlig

Ingredienser:

- 4 (7 unser hver) sverdfiskfileter
- 1/2 ts malt svart pepper
- 12 skrellede hvitløksfedd
- 3/4 ts salt
- 1 1/2 ts malt spisskummen
- 1 ts paprika
- 1 ts koriander
- 3 ss sitronsaft
- 1/3 kopp olivenolje

Adresser:

Ta en blender eller foodprosessor, åpne lokket og tilsett alle ingrediensene bortsett fra sverdfisken. Lukk lokket og bland til en jevn blanding. Tørk fiskefileter; topp jevnt med forberedt krydderblanding.

Legg dem på aluminiumsfolie, dekk til og avkjøl i 1 time. Forvarm en stekepanne over høy varme, hell olje og varm den opp. Legg til fiskefileter; rør og stek i 5-6 minutter på hver side til de er gjennomstekt og jevnt brunet. Serveres varm.

Næring (per 100 g):255 Kalorier 12 g Fett 4 g Karbohydrater 0,5 g Protein 990 mg Natrium

Pastamani med ansjos

Forberedelsestid: 10 minutter.

På tide å lage mat: 20 minutter

Porsjoner: 4

Vanskelighetsgrad: Lett

Ingredienser:

- 4 ansjosfileter pakket i olivenolje
- ½ pund brokkoli, kuttet i 1-tommers buketter
- 2 fedd hvitløk, i skiver
- 1 pund hel hvete penne
- 2 ss olivenolje
- ¼ kopp revet parmesanost
- Salt og sort pepper etter smak
- Rød pepperflak, etter smak

Adresser:

Kok pasta som anvist på pakken; drenere og reservere. Ta en middels kjele eller panne, tilsett olje. Varm opp over middels varme. Tilsett ansjos, brokkoli og hvitløk, og rør og stek til grønnsakene er myke, 4-5 minutter. Slå av varmen; bland inn i pastaen. Server varm med parmesanost, røde pepperflak, salt og sort pepper på toppen.

Næring (per 100 g):328 Kalorier 8 g Fett 35 g Karbohydrater 7 g Protein 834 mg Natrium

Pasta med reker og hvitløk

Forberedelsestid: 10 minutter.

På tide å lage mat: 15 minutter

Porsjoner: 4

Vanskelighetsgrad: Lett

Ingredienser:

- 1 pund reker, skrellet og deveined
- 3 fedd hvitløk, finhakket
- 1 finhakket løk
- 1 pakke full hvete- eller bønnepasta etter eget valg
- 4 ss olivenolje
- Salt og sort pepper etter smak
- ¼ kopp basilikum, kuttet i strimler
- ¾ kopp kyllingbuljong, lite natrium

Adresser:

Kok pasta som anvist på pakken; skyll og reserver. Få en middels kjele, tilsett olje og varm deretter opp på middels varme. Tilsett løk, hvitløk og stek under omrøring til den er gjennomsiktig og duftende, 3 minutter.

Tilsett reker, sort pepper (kvernet) og salt; rør og kok i 3 minutter til rekene er ugjennomsiktige. Tilsett buljong og la det småkoke i 2-3 minutter til. Legg pasta til serveringsfat; topp med rekeblanding; server varm med basilikum på toppen.

Næring (per 100 g):605 kalorier 17 g Fett 53 g Karbohydrater 19 g Protein 723 mg Natrium

Myk laks med eddik

Forberedelsestid: 10 minutter.

På tide å lage mat: 5 minutter

Porsjoner: 4

Vanskelighetsgrad: Lett

Ingredienser:

- 4 (8 unse) laksefileter
- 1/2 kopp balsamicoeddik
- 1 ss honning
- Svart pepper og salt, etter smak
- 1 ss olivenolje

Adresser:

Kombiner honning og eddik. Bland for å blande godt med hverandre.

Krydre fiskefileter med svart pepper (kvernet) og havsalt; pensle med honningglasur. Ta en middels kjele eller panne, tilsett olje. Varm opp over middels varme. Tilsett laksefileter og stek under omrøring til middels sjeldne i midten og lett brunet, 3-4 minutter per side. Serveres varm.

Næring (per 100 g):481 Kalorier 16 g Fett 24 g Karbohydrater 1,5 g Protein 673 mg Natrium

Oransje fiskemåltid

Forberedelsestid: 10 minutter.

På tide å lage mat: 5 minutter

Porsjoner: 4

Vanskelighetsgrad: Lett

Ingredienser:

- ¼ teskje sjø- eller koshersalt
- 1 ss ekstra virgin olivenolje
- 1 ss appelsinjuice
- 4 (4-unse) tilapiafileter, med eller uten skinn
- ¼ kopp hakket rødløk
- 1 avokado, uthulet, uten skinn og i skiver

Adresser:

Ta en 9-tommers bakebolle; tilsett olivenolje, appelsinjuice og salt. Bland godt. Tilsett fiskefiletene og dekk godt til. Legg løken over fiskefiletene. Dekk til med plastfolie. Mikrobølgeovn i 3 minutter til fisken er gjennomstekt og lett å flake. Server varm med avokado i skiver på toppen.

Næring (per 100 g):231 Kalorier 9 g Fett 8 g Karbohydrater 2,5 g Protein 536 mg Protein

reker zoodles

Forberedelsestid: 10 minutter.

På tide å lage mat: 5 minutter

Porsjoner: 2

Vanskelighetsgrad: Lett

Ingredienser:

- 2 ss hakket persille
- 2 ts finhakket hvitløk
- 1 ts salt
- ½ ts sort pepper
- 2 mellomstore zucchini, spiralisert
- 3/4 pund medium reker, skrellet og deveined
- 1 ss olivenolje
- 1 sitron, presset og revet

Adresser:

Ta en middels kjele eller panne, tilsett olje, sitronsaft, sitronskall. Varm opp over middels varme. Tilsett reker og kok under omrøring 1 minutt per side. Surr hvitløk og rød pepper i 1 minutt til. Tilsett Zoodles og rør forsiktig; kok i 3 minutter til den er gjennomstekt. Krydre godt, server varm med persille på toppen.

Næring (per 100 g):329 Kalorier 12 g Fett 11 g Karbohydrater 3 g Protein 734 mg Natrium

Asparges og ørretmåltid

Forberedelsestid: 10 minutter.

På tide å lage mat: 20 minutter

Porsjoner: 4

Vanskelighetsgrad: Lett

Ingredienser:

- 2 pund ørretfileter
- 1 pund asparges
- Salt og kvernet hvit pepper, etter smak.
- 1 ss olivenolje
- 1 hvitløksfedd finhakket
- 1 gressløk, i tynne skiver (grønn og hvit del)
- 4 mellomstore gyldne poteter, i tynne skiver
- 2 Roma tomater, hakket
- 8 pitted kalamata oliven, hakket
- 1 stor gulrot, i tynne skiver
- 2 ss tørket persille
- ¼ kopp malt spisskummen
- 2 ss paprika
- 1 ss grønnsaksbuljongkrydder
- ½ kopp tørr hvitvin

Adresser:

Tilsett fiskefiletene, hvit pepper og salt i en bolle. Bland for å blande godt med hverandre. Ta en middels kjele eller panne, tilsett

196

olje. Varm opp over middels varme. Tilsett asparges, poteter, hvitløk, den hvite delen av gressløk og kok til den er myk, 4-5 minutter. Tilsett tomater, gulrot og oliven; rør og kok i 6-7 minutter til de er møre. Tilsett spisskummen, paprika, persille, buljongkrydder og salt. Rør blandingen godt.

Tilsett hvitvinen og fiskefiletene. På lav varme, dekk til og la blandingen småkoke i ca 6 minutter til fisken er lett å flake, rør i mellom. Server varm med grønn gressløk på toppen.

Næring (per 100 g):303 Kalorier 17 g Fett 37 g Karbohydrater 6 g Protein 722 mg Natrium

Tunfisk Grønnkål Oliven

Forberedelsestid: 10 minutter.

På tide å lage mat: 15 minutter

Porsjoner: 6

Vanskelighetsgrad: gjennomsnittlig

Ingredienser:

- 1 kopp hakket løk
- 3 fedd hvitløk, finhakket
- 1 boks (2,25 unser) skivede oliven, drenert
- 1 pund hakket grønnkål
- 3 ss ekstra virgin olivenolje
- ¼ kopp kapers
- ¼ ts knust rød pepper
- 2 ts sukker
- 1 boks (15 gram) cannellinibønner
- 2 (6 unse) bokser tunfisk i olivenolje, udrenert
- ¼ teskje svart pepper
- ¼ teskje sjø- eller koshersalt

Adresser:

Bløtlegg grønnkål i kokende vann i 2 minutter; drenere og reservere. Ta en middels kjele eller en stor kjele, varm oljen over middels varme. Tilsett løk og stek under omrøring til den er gjennomsiktig og myk. Tilsett hvitløken og stek under omrøring til dufter, 1 minutt.

Tilsett oliven, kapers og rød paprika og kok under omrøring i 1 minutt. Bland kokt grønnkål og sukker. Over lav varme, dekk til og la blandingen småkoke i ca 8-10 minutter, rør i mellom. Tilsett tunfisk, bønner, pepper og salt. Rør godt og server varm.

Næring (per 100 g):242 Kalorier 11 g Fett 24 g Karbohydrater 7 g Protein 682 mg Natrium

Krydret rosmarin reker

Forberedelsestid: 10 minutter.

På tide å lage mat: 10 minutter

Porsjoner: 6

Vanskelighetsgrad: Lett

Ingredienser:

- 1 stor appelsin, revet og skrelt
- 3 fedd hvitløk, finhakket
- 1 ½ pund rå reker, skall og hale fjernet
- 3 ss olivenolje
- 1 ss hakket timian
- 1 ss hakket rosmarin
- ¼ teskje svart pepper
- ¼ teskje sjø- eller koshersalt

Adresser:

Ta en gjenlukkbar plastpose, tilsett appelsinskall, reker, 2 ss olivenolje, hvitløk, timian, rosmarin, salt og sort pepper. Rist godt og la det marinere i 5 minutter.

Ta en middels kjele eller panne, tilsett 1 ss olivenolje. Varm opp over middels varme. Tilsett reker og stek i 2-3 minutter på hver side til de er helt rosa og ugjennomsiktige. Skjær appelsinen i passe store skiver og legg på et serveringsfat. Tilsett reker og bland godt. Server fersk.

Næring (per 100 g):187 Kalorier 7 g Fett 6 g Karbohydrater 0,5 g Protein 673 mg Natrium

asparges laks

Forberedelsestid: 10 minutter.

På tide å lage mat: 15 minutter

Porsjoner: 2

Vanskelighetsgrad: Lett

Ingredienser:

- 8,8 gram buntet asparges
- 2 små laksefileter
- 1 ½ ts salt
- 1 ts sort pepper
- 1 ss olivenolje
- 1 kopp lavkarbo hollandaisesaus

Adresser:

Krydre laksefiletene godt. Ta en middels kjele eller panne, tilsett olje. Varm opp over middels varme.

Tilsett laksefileter og stek under omrøring til de er jevnt gjennomstekt og gjennomstekt, 4-5 minutter på hver side. Tilsett aspargesen og kok under omrøring i ytterligere 4-5 minutter. Server varm med hollandaisesaus på toppen.

Næring (per 100 g):565 Kalorier 7 g Fett 8 g Karbohydrater 2,5 g Protein 559 mg Natrium

Tunfisksalat med valnøtter

Forberedelsestid: 10 minutter.

På tide å lage mat: 0 minutter

Porsjoner: 4

Vanskelighetsgrad: Lett

Ingredienser:

- 1 ss hakket estragon
- 1 stangselleri, trimmet og finhakket
- 1 middels sjalottløk, i terninger
- 3 ss hakket gressløk
- 1 (5-unse) boks tunfisk (toppet med olivenolje), drenert og flak
- 1 ts dijonsennep
- 2-3 ss majones
- 1/4 ts salt
- 1/8 ts pepper
- 1/4 kopp ristede pinjekjerner

Adresser:

Tilsett tunfisk, sjalottløk, løk, estragon og selleri i en stor salatskål. Bland for å blande godt med hverandre. Tilsett majones, sennep, salt og sort pepper i en bolle. Bland for å blande godt med hverandre. Legg majonesblandingen til salatskålen; rør godt for å kombinere. Tilsett pinjekjernene og rør igjen. Server fersk.

Næring (per 100 g):236 Kalorier 14 g Fett 4 g Karbohydrater 1 g Protein 593 mg Natrium

Kremet rekesuppe

Forberedelsestid: 10 minutter.

På tide å lage mat: 35 minutter

Porsjoner: 6

Vanskelighetsgrad: gjennomsnittlig

Ingredienser:

- 1 pund medium reker, skrellet og deveined
- 1 purre, både hvit og lysegrønn, i skiver
- 1 middels fennikelpære, hakket
- 2 ss olivenolje
- 3 stilker selleri hakket
- 1 finhakket hvitløksfedd
- Havsalt og malt pepper etter smak
- 4 kopper grønnsaks- eller kyllingbuljong
- 1 ss fennikelfrø
- 2 ss lett krem
- saft av 1 sitron

Adresser:

Ta en middels eller stor gryte eller nederlandsk ovn, varm oljen over middels varme. Tilsett selleri, purre og fennikel og kok under omrøring i ca 15 minutter til grønnsakene er myke og brune. Tilsett hvitløk; smak til med sort pepper og havsalt. Tilsett fennikelfrø og rør.

Hell i buljongen og kok opp. På lav varme, la blandingen småkoke i ca 20 minutter, rør i mellom. Tilsett reker og kok til de er rosa, 3 minutter. Bland fløten og sitronsaften; server varm.

Næring (per 100 g):174 Kalorier 5 g Fett 9,5 g Karbohydrater 2 g Protein 539 mg Natrium

Krydret laks med grønnsaksquinoa

Forberedelsestid: 30 minutter.

På tide å lage mat: 10 minutter

Porsjoner: 4

Vanskelighetsgrad: Vanskelig

Ingredienser:

- 1 kopp rå quinoa
- 1 ts salt, delt i to
- ¾ kopp agurker, med frø, i terninger
- 1 kopp cherrytomater, halvert
- ¼ kopp hakket rødløk
- 4 friske basilikumblader, i tynne skiver
- Sitronskall
- ¼ teskje svart pepper
- 1 ts spisskummen
- ½ ts paprika
- 4 (5 unse) laksefileter
- 8 sitronskiver
- ¼ kopp hakket fersk persille

Adresser:

Tilsett quinoa, 2 kopper vann og ½ teskje salt i en middels gryte.
Varm dem til vannet koker, og skru deretter ned varmen til en
koking. Dekk til pannen og stek i 20 minutter eller så lenge som

anvist på quinoapakken. Slå av varmen under quinoaen og la den stå tildekket i minst 5 minutter til før servering.

Rett før servering, tilsett løk, tomater, agurker, basilikumblader og sitronskall til quinoaen og bruk en skje til å blande alt forsiktig sammen. I mellomtiden (mens quinoaen koker), forbereder du laksen. Slå stekekyllingen på høy og sørg for at det er en rist i bunnen av ovnen. Tilsett følgende komponenter i en liten bolle: sort pepper, ½ teskje salt, spisskummen og paprika. Rør dem sammen.

Plasser aluminiumsfolie på en bakeplate av glass eller aluminium, og spray den deretter med nonstick-spray. Legg laksefiletene på aluminiumsfolien. Gni krydderblandingen over hver filet (ca. ½ teskje av krydderblandingen per filet). Legg sitronbåtene i kantene av pannen nær laksen.

Stek laksen under broiler i 8-10 minutter. Målet ditt er at laksen skal flakes lett med en gaffel. Dryss laksen med persille, og server deretter med sitronbåter og grønnsakspersille. Nyt!

Næring (per 100 g):385 Kalorier 12,5 g Fett 32,5 g Karbohydrater 35,5 g Protein 679 mg Natrium

Sennepsørret med epler

Forberedelsestid: 15 minutter.

På tide å lage mat: 55 minutter

Porsjoner: 2

Vanskelighetsgrad: Vanskelig

Ingredienser:

- 1 ss olivenolje
- 1 liten sjalottløk, hakket
- 2 Lady Epler, halvert
- 4 ørretfileter, 3 unser hver
- 1 1/2 ss brødsmuler, vanlig og fin
- 1/2 ts hakket fersk timian
- 1/2 ss smør, smeltet og usaltet
- 1/2 kopp eplecider
- 1 ts lys brunt sukker
- 1/2 ss dijonsennep
- 1/2 ss kapers, skylt
- Havsalt og sort pepper etter smak

Adresser:

Forbered ovnen på 375 grader og ta deretter ut en liten bolle.
Kombiner brødsmuler, sjalottløk og timian før du smaker til med
salt og pepper.

Tilsett smøret og bland godt.

Legg eplene med kuttsiden opp i en ildfast form, og strø deretter over sukker. Topp med brødsmuler, hell deretter halvparten av cideren rundt eplene, dekk fatet. Stek i en halvtime.

Avdekke og stek i tjue minutter til. Eplene skal være møre, men smulene skal være sprø. Ta eplene ut av ovnen.

Slå på slaktekyllingen, og plasser deretter stativet fire tommer unna. Klapp ørreten, smak til med salt og pepper. Pensle oljen på et bakepapir og legg deretter ørreten med skinnsiden opp. Pensle den resterende oljen over huden og stek i seks minutter. Gjenta eplene på hyllen rett under ørreten. Dette vil forhindre at smulene brenner seg, og det bør bare ta to minutter å varmes opp.

Ta ut en kjele og bland sammen resten av cider, kapers og sennep. Tilsett mer cider om nødvendig, for å tynne den ut, og kok i fem minutter på middels høy varme. Den skal ha en konsistens som ligner på en saus. Hell saften over fisken og server med et eple på hver tallerken.

Næring (per 100 g):366 kalorier 13 g fett 10 g karbohydrat 31 g protein 559 mg natrium

Gnocchi med reker

Forberedelsestid: 5 minutter.

På tide å lage mat: 15 minutter

Porsjoner: 4

Vanskelighetsgrad: Vanskelig

Ingredienser:

- 1/2 pund reker, skrelt og deveined
- 1/4 kopp sjalottløk, i skiver
- 1/2 ss + 1 ts olivenolje
- 8 gram hyllestabil gnocchi
- 1/2 haug med asparges, kuttet i tredjedeler
- 3 ss parmesanost
- 1 ss fersk sitronsaft
- 1/3 kopp kyllingbuljong
- Havsalt og sort pepper etter smak

Adresser:

Start med å varme opp en halv spiseskje olje på middels varme og tilsett deretter gnocchien din. Kok mens du rører ofte til den er tykk og gylden. Dette vil ta sju til ti minutter. Legg dem i en bolle.

Varm opp den resterende teskjeen med olje med sjalottløken, stek til den begynner å bli brun. Sørg for å røre, men dette vil ta to minutter. Tilsett buljongen før du tilsetter aspargesen. Dekk til og kok i tre til fire minutter.

Tilsett rekene, smak til med salt og pepper. Kok til den er rosa og gjennomstekt, noe som tar omtrent fire minutter.

Ha gnocchien tilbake i pannen med sitronsaft, kok i ytterligere to minutter. Rør godt og fjern deretter fra varmen.

Dryss over parmesan og la hvile i to minutter. Osten din skal smelte. Serveres varm.

Næring (per 100 g):342 kalorier 11 g fett 9 g karbohydrater 38 g protein 711 mg natrium

saganaki reker

Forberedelsestid: 15 minutter.

På tide å lage mat: 30 minutter

Porsjoner: 2

Vanskelighetsgrad: gjennomsnittlig

Ingredienser:

- 1/2 pund shell-on reker
- 1 liten løk, hakket
- 1/2 kopp hvitvin
- 1 ss persille, frisk og hakket
- 8 gram hermetiske og terninger tomater
- 3 ss olivenolje
- 4 gram fetaost
- salt i terninger
- klype svart pepper
- 14 ts hvitløkspulver

Adresser:

Ta ut en kjele og hell deretter i omtrent to centimeter vann, kok opp. Kok i fem minutter, tøm deretter, men behold væsken. Sett reker og væske til side.

Varm deretter to spiseskjeer olje, og tilsett løken når den er varm. Stek til løken er gjennomsiktig. Bland persille, hvitløk, vin, olivenolje og tomater. Kok på lav varme i en halv time og rør til det er tykt.

Fjern bena fra rekene, riv av skjellene, hodet og halen. Tilsett rekene og rekebuljongen i sausen når den tykner. La småkoke i fem minutter, og tilsett deretter fetaen. La stå til osten begynner å smelte, og server deretter varm.

Næring (per 100 g):329 kalorier 14 g fett 10 g karbohydrater 31 g protein 449 mg natrium

middelhavslaks

Forberedelsestid: 10 minutter.

På tide å lage mat: 20 minutter

Porsjoner: 2

Vanskelighetsgrad: Lett

Ingredienser:

- 2 laksefileter, uten skinn og 6 gram hver
- 1 kopp cherrytomater
- 1 ss kapers
- 1/4 kopp zucchini, finhakket
- 1/8 ts sort pepper
- 1/8 ts fint havsalt
- 1/2 ss olivenolje
- 1,25 gram modne oliven, i skiver

Adresser:

Sett ovnen på 425 grader og dryss deretter salt og pepper over fisken på begge sider. Legg fisken i et enkelt lag i bakebollen etter å ha belagt bakebollen med kokespray.

Kombiner tomatene og de resterende ingrediensene, hell blandingen over filetene og stek deretter i tjueto minutter. Serveres varm.

Næring (per 100 g):322 kalorier 10 g fett 15 g karbohydrat 31 g protein 493 mg natrium

Ingram Content Group UK Ltd.
Milton Keynes UK
UKHW020643050623
422889UK00016B/1867

En Mediteransk Kokebok 2023

Utforsk den sunne og smakfulle verden av Middelhavsmat

Sofia Giovanni